Die Völker des Hohen Nordens

Kunst und Kultur Sibiriens

Herausgeber: Jean-Paul Manzo
Text: Valentina Gorbatcheva, Marina Federova
und Marine Le Berre-Semenov
Assistenz: Aurélia Hardy, Séverine Corson und
Jenny Mues
Layout: Cédric Pontes
Übersetzung aus dem Französischen: Damijan Kaufman
Photographen:
©Magalie Delorme : 8, 9, 21, 36, 151, 165, 186, 193, 196, 226, 227
©Marine Le Berre Semenov : 2, 6, 7, 10, 11,16, 17, 18, 20, 53, 56, 134, 136, 137, 150, 152, 156, 157, 175, 176, 179, 182, 183, 197, 216, 217, 218, 219.

Mit liebenswürdiger Unterstützung des Museums für
Ethnographie, St Petersburg.

Gedruckt in Singapur, 2000
ISBN 1 85995 484 7
Parkstone Press Ltd, New York, USA, 2000

Valentina Gorbatcheva

Marina Federova

Die Völker des Hohen Nordens

Kunst und Kultur Sibiriens

Mit der wissenschaftlichen Mitarbeit von
Marine Le Berre Semenov

Parkstone
PARKSTONE PRESS

1. Rentierherde beim Überqueren eines Flusses (Tschuktschen)
2. Verschneite Tundra im Frühling (Mai)

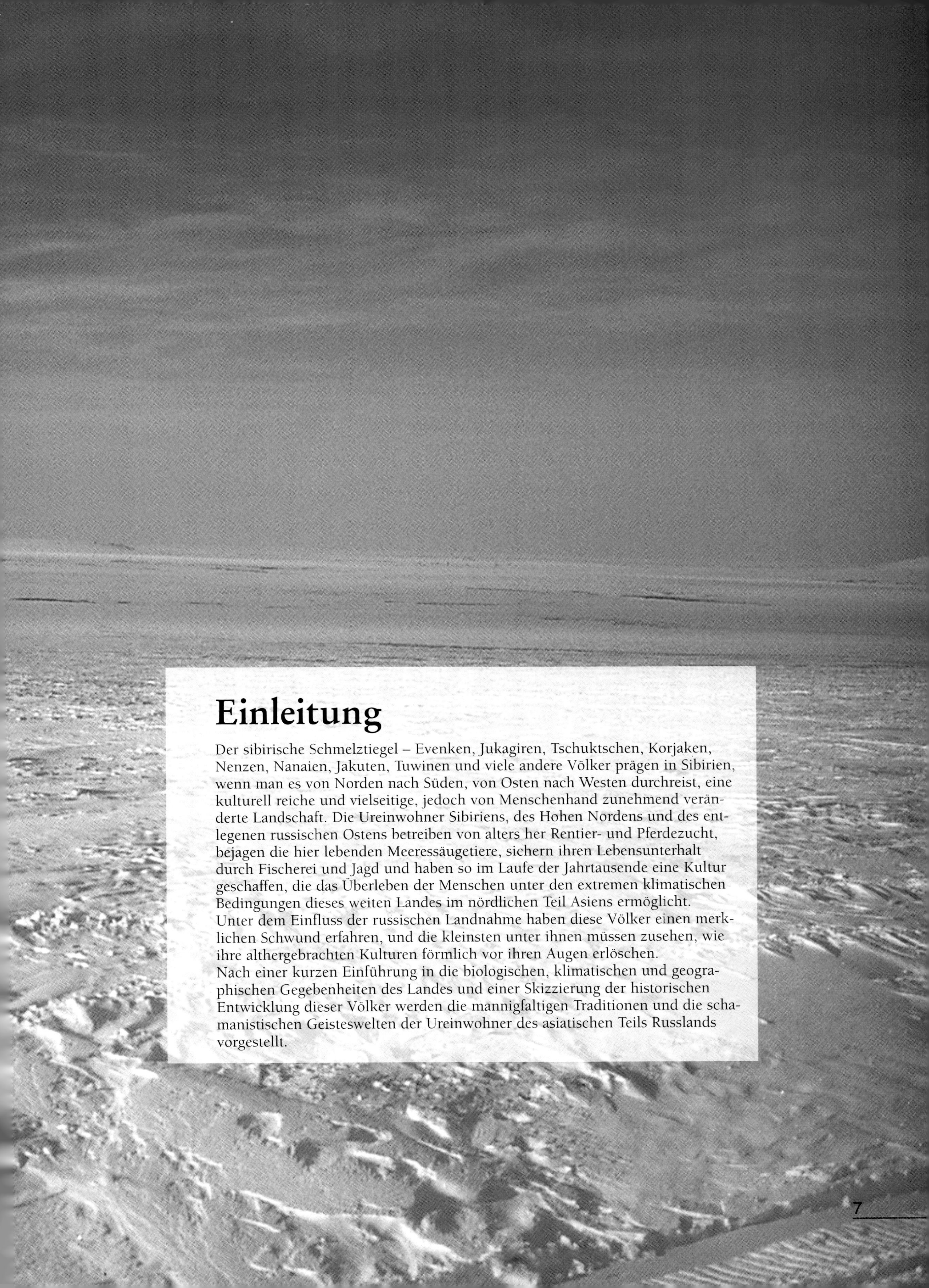

Einleitung

Der sibirische Schmelztiegel – Evenken, Jukagiren, Tschuktschen, Korjaken, Nenzen, Nanaien, Jakuten, Tuwinen und viele andere Völker prägen in Sibirien, wenn man es von Norden nach Süden, von Osten nach Westen durchreist, eine kulturell reiche und vielseitige, jedoch von Menschenhand zunehmend veränderte Landschaft. Die Ureinwohner Sibiriens, des Hohen Nordens und des entlegenen russischen Ostens betreiben von alters her Rentier- und Pferdezucht, bejagen die hier lebenden Meeressäugetiere, sichern ihren Lebensunterhalt durch Fischerei und Jagd und haben so im Laufe der Jahrtausende eine Kultur geschaffen, die das Überleben der Menschen unter den extremen klimatischen Bedingungen dieses weiten Landes im nördlichen Teil Asiens ermöglicht.

Unter dem Einfluss der russischen Landnahme haben diese Völker einen merklichen Schwund erfahren, und die kleinsten unter ihnen müssen zusehen, wie ihre althergebrachten Kulturen förmlich vor ihren Augen erlöschen.

Nach einer kurzen Einführung in die biologischen, klimatischen und geographischen Gegebenheiten des Landes und einer Skizzierung der historischen Entwicklung dieser Völker werden die mannigfaltigen Traditionen und die schamanistischen Geisteswelten der Ureinwohner des asiatischen Teils Russlands vorgestellt.

NATUR UND BEVÖLKERUNG SIBIRIENS

DER NATÜRLICHE LEBENSRAUM SIBIRIEN

Sibirien gehört seit etwa dreihundert Jahren als natürliche östliche Erweiterung zum russischen Staatsgebiet. Es erstreckt sich vom Nördlichen Eismeer bis zu den Grenzen Kasachstans, der Mongolei und Chinas im Süden. Von Westen her reicht es vom Uralgebirge bis zum Pazifischen Ozean im Osten. Mit seinen acht Zeitzonen und einer über 20 Breitengrade reichenden Ausdehnung (von 50° bis 70° N) nimmt Sibirien mit einer Grösse von etwa 12,7 Mio. Quadratkilometern zwei Drittel des russischen Staatsgebietes ein.

Die meisten Europäer stellen sich Sibirien als ein abgeschiedenes, rauhes und unwirtliches Land vor, verlassen, eisig kalt, in dem die meiste Zeit des Jahres Dunkelheit herrscht. Doch Sibirien ist alles andere als einheitlich, denn man stösst hier von Norden nach Süden auf mehrere grosse Klimazonen, und mit seiner Eiswüste, der baumlosen Tundra, der Waldtundra, der Taiga, den Wald- und Trockensteppen, den Tiefebenen und Hochgebirgen liefert Sibirien ein sehr vielseitiges Bild.

Die zentralsibirische Ebene, die den größten Teil des Gebietes umfasst, wird im Norden, Osten und Süden von einem gigantischen Amphitheater aus Bergketten umsäumt: im Norden und Osten erreichen die Gipfel des Werchojansker Gebirgskamms eine Höhe von bis zu 2389 m. Im Süden grenzt Sibirien an das Sajangebirge (2930 m) und an das Altaigebirge (4506 m). Aus diesen Gebirgsketten entspringen auch die drei grössten sibirischen Flüsse: der Ob, der Jenissej (evenkisch "ioanessi" = "der grosse Fluss") und die Lena. Für lange Zeit des Jahres (von etwa Oktober/November bis Mai/Juni) vom Eis bedeckt, fliessen die gewaltigen Wassermassen dieser Ströme etwa 4000 Kilometer weit durch ganz Sibirien, um schliesslich in das Nördliche Eismeer zu münden. Die arktischen Meere, die Karasee, die Laptevsee und die Ostsibirische See, die zehn Monate des Jahres unter einer dicken Eisdecke liegen, bilden die nördliche Grenze Sibiriens.

3. Eskimo-Frau in traditioneller Kleidung

In diesen geographischen Breiten ist der nie auftauende Boden einzig von Geröll, Algen, Flechten und Moosen bedeckt. Die meisten Inseln wie auch die Küste der Taimyr-Halbinsel sind von der Eiswüste geprägt. Seehunde, Walrosse, Belugas und Eisbären haben in diesem Küstengebiet ihren angestammten Lebensraum.
Entfernt man sich vom Nordpol in Richtung Süden, so wird aus der Eiswüste allmählich Tundra. Es eröffnet sich eine endlose kahle Weite, in der einzig Flechten, Moose und kleine Bäumchen (zwergenhaft wirkende Arten der Birke, Weide u.a.), Blumen und Polargrasarten gedeihen.
Der Winter in der Tundra ist lang – zwischen acht und zehn Monaten - und sehr kalt. Ab Ende November weicht die Sonne dem Mond; die Polarnacht, die in der Tundra zwei bis drei Monate und in der Eiswüste bis zu sechs Monate dauert, bricht heran. Im Januar kehrt die Sonne wieder, die Tage werden allmählich länger, die Nächte kürzer - bis zu den Weissen Nächten der Arktis, dem Polartag, der von Mai bis Juli dauert und in dessen Verlauf die Sonne nicht untergeht. Die Sommer in der Arktis sind mit einer Durchschnittstemperatur von 5° bis 12° C kühl und kurz. Mitte August legt die Tundra ihr Herbstkleid an: das Blattwerk der Bäumchen wird braun, die Flechten und Moose färben sich grau, während die Pilze in grosser Zahl aus dem Boden schiessen und eine bunte Vielfalt von Beerenarten in verschiedensten Orange- bis Rottönen reifen.

4. Farbig verzierte Stosszähne (Rückseite). Fragment, Tschuktschen, Tschukotische Halbinsel, Walross-Stosszahn, Länge: 57 cm, Höhe: 6 cm, 1930er Jahre

Die Tundra ist der natürliche Lebensraum des Rentiers (Karibu), des Polarwolfes, des Vielfrass, des Polarfuchses, der Lemminge, der Schnee-Eule (arktische Grossart), des Schneehuhns (dieser Vogel aus der Familie der Rebhühner ist der einzige, der unter der Schneedecke überwintert). Im Frühling ist der Hohe Norden Brutgebiet für viele Zugvögel: Gänse, Schwäne, Enten, Strandläufer, Möwen usw. ziehen hier ihren Nachwuchs heran.
Als Sumpflandschaft zählt die Tundra einige zehntausend zumeist kleiner und seichter Seen. Baron Eddel, der vor hundert Jahren die Unterläufe der Indigirka und der Kolyma bereiste, schrieb hierüber in seinen Memoiren: "Um auf einer Karte alle Seen einzutragen, würde es reichen, einen Pinsel in blaue Farbe zu tunken und damit das Papier zu bespritzen."
Der sumpfige Charakter der Tundra rührt vom Dauerfrostboden Sibiriens her: seit Tausenden von Jahren ist der Boden bis in mehrere hundert Meter Tiefe gefroren und taut in der Sommerperiode nie über einige Zentimeter tief auf (man spricht hier vom "Weichboden"). Aufgrund dessen und trotz der sehr geringen Jahresniederschläge kann das Wasser im Erdreich kaum versickern und aufgrund der hohen Luftfeuchtigkeit der Ozeanluft auch nicht verdunsten.

5. Kleine Skulptur "Bär mit Fisch im Maul", Koriaken, Walross-Stosszahn, Länge: 8cm, Höhe: 5cm, 1903

6. Die Lena unter Eis und Schnee

7. Die Lena während der Eisschmelze

Nördlich des Tals des Tunguska-Unterlaufs (Zufluss des Jenissej) und des Wiljui (Zufluss der Lena) liegt die südliche Grenze des Dauerfrostbodens, der sich über etwa zwei Drittel des russischen Staatsgebiets ausdehnt, wobei der Dauerfrostboden im Nordosten Sibiriens am tiefsten reicht. Im Norden Jakutiens gibt der Boden immer wieder Reste fossiler Tiere preis: Mammutfriedhöfe, die in dicken Schichten gefrorenen Sediments begraben sind, stellen immense Lagerstätten an Knochen und Elfenbeinstosszähnen dar. Ebenfalls in Jakutien liegt der Kältepol der nördlichen Hemisphäre: in Oimjakon im Werchojansker Gebirge schwankt die Durchschnittstemperatur im Januar zwischen –48° und –50°C und erreicht gelegentlich Temperaturstürze auf bis zu –70°C. Aber die Trockenheit der Luft und die Windstille machen diese Extremtemperaturen relativ erträglich.
Reist man weiter südwärts, so verändert sich die Vegetation je mehr man sich dem Polarkreis nähert: die zunehmende Anzahl der zwergenhaften Bäume weist auf die hier beginnende Übergangszone, die sogenannte Waldtundra hin.
Setzt man seinen Weg fort, wird die Vegetation nach und nach vielfältiger, die Bäume werden grösser, bis man schliesslich die Taiga erreicht hat, dieses grosse nördliche Waldgebiet, das einen grossen Teil des russischen Staatsgebiets bedeckt.
In der nördlichen Taiga sind hauptsächlich Nadelhölzer wie die Lärche, die Kiefer und die Sibirische Zeder beheimatet, doch kommen hier auch Birke, Weide und die Zitterpappel vor. Im Süden und Westen der Taiga stösst man auf grössere Laubwaldbestände. Die Taiga bildet den natürlichen Lebensraum vieler wichtiger Grossraubtiere (Bären, Vielfrass, Wolf, Luchs), Pelztierarten (Fuchs, Zobel, Iltis, Wiesel, Hermelin, Nerz und Marder), Tiere aus der Gruppe des Schalenhochwilds (Hirsch, Elch) und Vogelarten (Grosser Auerhahn, Rebhuhn, Specht, Gefleckter Nussknacker).
Die Winter in dieser Zone sind sehr lang und sehr kalt. Die Sommer im Zentralgebiet hingegen sind sehr heiss (der Temperaturunterschied kann im Jahresverlauf 100° C erreichen) und stellen für die Insekten und hier an erster Stelle für Mücken, Bremsen und andere Fliegenarten, deren Fortpflanzung hier ähnlich wie in der Tundra durch die zahlreichen Seen und Sumpfgebiete stark begünstigt wird, die Hauptzeit dar.

8. Der Lama-See, Tajmyr-Halbinsel
9. Nach der Wassersuche an der Lena, Dorf Chamarhatta, Jakutien

10. Sumpfgebiet in der Tundra

11. Die Lena

12. Männerbekleidung, Jukagiren, Jakutien, Kolyma-Region, Rentier-, Seehund-, Hunde-, Vielfrass-, und Eichhörnchenfell, Stoff, Baumwollgewebe, Rentiermähnen, Glasperlen. Länge des Mantels: 100cm, Länge des Brustschmucks: 86 cm, Länge der Sohlen: 22 cm

13. Jäger mit dem Fell eines erlegten Fuchses, Tschuktschen, Dorf Vankarem, Magadaner Gebiet, 1979

14. Geschirrkiste, Evenken, Sachalin, Holz, gegerbte Haut, Rentier-, Zobel- und Bärenfell, Stoffbahn, dickes Gewebe, Höhe 17cm, Durchmesser 33 cm, 1962

15. Schmuckkästchen, Jakuten, Jakutsk, Mammuthknochen, Länge: 16 cm, Breite: 10,5 cm, Höhe: 6,5 cm, 1845

16. Die Taiga (Zentraljakutien)

18. Sumpfgebiet in der Region um Jakutsk

17. Die Taiga in der Kolyma-Region (Jukagiren)

19. Pfeife, Koriaken, Gebiet
Anadyr, Walross-Stosszahn,
Länge: 14,2 cm, 1906

20. Sumpfgebiet in der Tundra

21. Der Baikal-See

22. Tschuktschin mit Kindern am Eingang eines Jaranges, Jakutien, 1925-1926

23. Wasserkelle, Koriaken, Kamtschatka, Mufflonhorn, Länge: 14,5 cm, Höhe: 12 cm, Durchmesser des Kellenkörpers: 10,4 cm, 1909-1911

24. Löffel, Koriaken, Kamtschatka, Mufflonhorn, Länge: 15,9 cm 1909-1911

25. "Fliegendes Objekt" und Schreibgerät, Eskimos, Tschukotische Halbinsel, Walross-Stosszahn, Länge:
1) 6,2 cm, 2) 13,7 cm 1930er bis 40er Jahre

Weiter südlich weicht die Taiga der Waldsteppe und schliesslich der schwarzerdigen Trockensteppe, die typisch ist für den nördlichen Teil Zentralasiens und die Nordmongolei.
Unter dem Einfluss eines milden Klimas, relativ langer und heisser Sommer, geringer Niederschläge und starker Winde zeichnet sich die Steppenzone durch eine üppig bewachsene Hochgrasprärie aus, die reich an Humus und somit ausgesprochen fruchtbar ist.
Die für Land- und Viehwirtschaft besonders geeignete Steppe bildet den Lebensraum vieler Nagetiere (Murmeltier, Wühlmaus, Hamster, Springmaus, Zwerghase). Hier leben Füchse, Saiga-Antilopen, Dachse und verschiedene Steppenvögel (Trappen, Turmfalken, Kraniche).

Im Trockensteppengebiet, nördlich der Mongolei, erstreckt sich über 635 km das grösste natürliche Süsswasserreservoir der Welt, der Baikalsee, der stellenweise eine Tiefe von 1620 m erreicht. Dieses Naturwunder stellt eine wichtige Lebensgrundlage für die angrenzend lebende Bevölkerung dar. Und doch ist die hier beheimatete Tierwelt durch die Abfälle der an den Baikalufern gelegenen holzverarbeitenden Fabriken stark gefährdet.
Der Ferne Osten Russlands umfasst das gesamte von den Flüssen Anadyr (im Nordosten) und Amur (im Südosten) durchzogene Gebiet. Beide Flüsse münden in den Pazifischen Ozean. Die an China grenzende Amurregion mit seinem milden und feuchten Klima bietet günstige Voraussetzungen für Misch- und Laubwald. Hier wachsen Linden, Zitterpappeln, Eichen u.v.a. Die Tierwelt in den Waldgebieten des Fernen Ostens Russlands ist dieselbe wie die der Taiga, doch kommen hier zusätzlich der Ussuri-Tiger, der Leopard, die Wildkatze, der Goral (eine Waldziegenantilopenart), der Sikahirsch und eine Vielzahl verschiedener Vogelarten vor.

Sibirien ist reich an natürlichen Bodenschätzen und Energieträgern. Mit seinen zahlreichen Förderstätten für Erdöl, Erdgas, Kohle, Nickel, Apatit, Gold, Diamanten, Silber, Kupfer, seinen Wäldern, seinen Wasserläufen, seinen Pelztieren usw. liefert Sibirien etwa ein Fünftel der Staatseinnahmen und stellt so eine regelrechte Schatzkammer an Rohstoffen für Russland dar. Unter den Zaren war Sibirien Land der Verbannung, doch hat die Nutzung dieser Reichtümer während der gesamten Sowjetzeit zu einer gewaltigen Migration in diese nur wenig wirtlichen Regionen geführt. Die Nutzung der sibirischen Ressourcen hat bis heute annähernd 32 Millionen Menschen angezogen, wodurch zahlreiche Städte wie auch Bergbau- und Industriezentren entstanden: Vorkuta, Noril'sk, Novosibirsk, Krasnojarsk, Bratsk, Irkutsk, Kemerovo, Novokuznetsk, Prokopievsk, Angarsk, Komsomol'sk am Amur, Jakutsk, Petropavlovsk-Kamtschatskij, Magadan, Chabarovsk, Vladivostok, Ussurijsk usw.

Alter der Bevölkerung und Kulturenvielfalt der sibirischen Eingeborenen

Als einstiges Land der Verbannung und späterer Deportationen, als "El Dorado des Nordens" für Millionen sowjetischer Einwanderer leben heute mehr als einhundert Nationalitäten aus allen Regionen der früheren Sowjetunion in Sibirien. Weit weniger hingegen bekannt ist dieses beeindruckend grosse Gebiet im Norden und Osten Russlands als Lebensraum einer Jahrtausende alten Zivilisation, die aus etwa dreissig Völkern besteht, von denen die kleinsten unter dem Begriff "Kleinvölker des Nordens" zusammengefasst werden. Vom Hohen Norden bis hin zu den Steppen des Südens und dem Fernen Osten Russlands tut sich in Sibirien ein reiches Panorama verschiedener Kulturen, Lebensweisen, Sprachen, und Traditionen auf. Die Geschichte seiner Ureinwohner ist uns Europäern jedoch ebenso unbekannt wie die Geschichte der amerikanischen Indianer oder der australischen Aborigenes. Im beginnenden 21. Jahrhundert ist dieses Erbe der Menschheit einem starken Schwund ausgesetzt und stark davon bedroht, bald ganz unterzugehen.

Urbevölkerung Sibiriens

Archäologische Untersuchungen setzen die erste menschliche Besiedlung dieses Teils der Erde im Hohen Paläolithikum an, also vor etwa 20 bis 25 Tausend Jahren. Aufgrund archäologischer Funde, die annähernd in ganz Sibirien und entlang der Eismeerküste gemacht wurden, nimmt man an, dass der grösste Teil der nordasiatischen Gebiete seit dem Neolithikum bevölkert waren. Die ersten Kulturstätten, die von einer ausgeprägteren Lebens- und Geisteswelt wie auch von einer differenzierteren künstlerischen Entwicklung dieser Völker zeugen, sind in Sibirien vor einigen Tausend Jahren entstanden.

26. Evenkisches Sommerlager, Anfang des 20. Jh.

27. Spielsachen 1) Rentier 2) Seehund, Jakuten 1) Jakutien 2) Gebiet um Tucharansk, Holz, Länge: 1) 22 cm, 2) 18 cm; Höhe: 1) 4 cm, 2) 13 cm. 1903-1908

28. Handschützer für Bogenschützen, Tschuktschen, Eskimos, Tschukotische Halbinsel, Walross-Stosszahn, Leder.
Länge: 1) 11,3 cm, 2) Länge unbekannt
1) 1920er bis 40er Jahre 2) 1904-1907

Die südsibirischen Steppen und die Region um den Baikalsee waren ursprünglich von Völkern besiedelt, die Landwirtschaft und Viehzucht betrieben. In den benachbarten Taigaregionen hingegen lebten die Menschen von Jagd und Fischerei. Man geht davon aus, dass die Völker, welche in Jakutien und in der Baikalregion lebten, untereinander enge Beziehungen pflegten, woraus im Gebiet zwischen der Angara und der Lena eine reiche Kultur entstand. Viele archäologische Funde zeugen hiervon, insbesondere die Steingravuren, die bestimmte Aspekte des Geisteslebens der Menschen des Neolithikums darstellen, wie z.B deren Jagdriten und Religionen. Die Gebiete der Tundra und Waldtundra im Nordosten Sibiriens wurden von Nomadenvölkern bewohnt, die sich von der Rentierjagd und der Fischerei ernährten. Fundstätten zwischen den Flüssen Olenjok und Kolyma haben gezeigt, dass die Vorfahren der Jukagiren in ihrer Isolation während des gesamten ersten Jahrtausends einer für die Jäger und Fischer des Neolithikums typischen Lebensweise nachgingen. Die nordöstlich gelegenen Küstenzonen wurden von den Vorfahren der Tschuktschen und Eskimos bewohnt, die angesichts der Reichtümer des Meeres sesshaft wurden. Die Kultur derjenigen Völker, die von der Jagd auf Meeressäuger lebten, breitete sich schliesslich vom Gebiet der Beringsee auf die gesamte arktische Küstenregion aus. Im Hinterland war die Lebensweise von Nomadentum und Rentierjagd geprägt. Die Zähmung des Rentiers und die Rentierzucht stellten eine wichtige Etappe in der Entwicklung der Tundra- und Taigabewohner dar. In der Zeit der grossen Völkerwanderungen in Zentralasien vom 10. – 13. Jahrhundert wurden die Ureinwohner Sibiriens durch den Zuzug neuer Volkschaften von Süden her weiter in den Norden und Osten abgedrängt. Dies betraf die paläoasiatischen Völker (Tschuktschen, Korjaken) und die Tungusen (Evenken und Evenen), die im Gebiet des heutigen Jakutiens lebten und von den Vorfahren der Jakuten in die nördlichen und östlichen Randgebiete verjagt wurden. Später waren es die Jakuten selbst, die von den vordringenden mongolischen Stämmen nach Norden gedrängt wurden.

29. Darstellung von Menschen, Eskimos, Tschukotische Halbinsel, Walross-Stosszahn; Höhe: 1) 4,7 cm, 2) 3,7 cm, 3) 3,8 cm; 1930er bis 1940er Jahre des 20. Jh.

30. Eskimo-Kinder

31. Kleine Skulpturen, Darstellung von Wasservögeln und Verschluss in Form eines Bären, Eskimos, Tschukotische Halbinsel, Walross-Stosszahn; Durchmesser der Vogelfiguren: 1) 3,2 cm 2) 2,8 cm; Höhe: 1) 3,2 cm 2) 3,5 cm; Länge des Verschlusses: 5,7 cm; 1930er bis 50er Jahre

32. Jakuten bringen Stroh zum Verkauf

Bis in das 16.-17. Jahrhundert lebten die Völker Sibiriens abseits der europäischen Zivilisation; sie lebten isoliert oder pflegten ihre Beziehungen nur zu den benachbart lebenden Völkern, die denselben kulturellen Wurzeln entstammten. Die Begriffe, mit denen sich die Völker des Hohen Nordens in ihren eigenen Sprachen selbst bezeichnen, spiegeln diese Isolation wieder: die meisten bedeuten einfach nur "Mensch". So nennen sich die Tschuktschen zum Beispiel Lyg'oravetlat, die Eskimos Yuit (oder Yupik), was in diesen beiden Fällen "echter Mensch" bedeutet; die Nenzen nennen sich Chasava, was ebenfalls "Mensch" heisst; die Ultschen, die Oroken und die Orotschen nennen sich Nani, was genauso wie Nanai, (seit mehreren Jahrzehnten die offizielle Bezeichnung von seiten ihrer "grossen" Nachbarn, dem Volk von Dersu Usala) "Erdenmensch" bedeutet. Während der Eroberung Sibiriens und der Unterwerfung seiner Bevölkerung wurde die Mehrzahl der unterworfenen Völker von den Russen umbenannt und erhielten auf diesem Wege oft von den Nachbarvölkern übernommene und deformierte Bezeichnungen. So sind zum Beispiel Völkernamen wie "Jakuten" oder "Jukagiren", die Völkern gegeben wurden, die sich eigentlich gegenseitig unter der Bezeichnung Sacha und Odul kennen, ursprünglich aus dem Evenkischen abgeleitete Wörter, die im ersten Fall "Kuh-Mensch" und im zweiten Fall "Eis-Mensch" bedeuten. Die Chanten und die Mansen nannten sich gegenseitig Ostjaken und Vogulen, die Evenen und die Evenken Lamuten und Tungusen usw.

Unterschiede der Lebensräume und Lebensweisen

Im Landesinneren des Tundrastreifens entlang des Eismeeres vermischen sich von Westen nach Osten Nomadenvölker, die einerseits von Rentierzucht und andererseits von Jagd oder Fischerei leben. Im europäischen Teil, auf der Kola-Halbinsel, leben die Saamen, die man besser unter dem Namen Lappen kennt und in ganz Skandinavien antrifft. Vom Dwina-Ufer bis zum Jenissej leben auf der Jamal-Halbinsel die Nenzen. Ihr Siedlungsgebiet erstreckt sich bis auf die Taimyr-Halbinsel, wo seit Menschengedenken die Nganassanen leben, das am weitesten nördlich angesiedelte Volk Russlands. Zwischen Tas und Turuchan, Zuflüssen des Jenissej, leben die Selkupen. Die Enzen, die kulturell mit den Nenzen wie auch mit den Nganassanen verwandt und als Volk beinahe verschwunden sind, leben an den Ufern des Jenissej in Nachbarschaft mit den Dolganen, einem Volk das vor wenig mehr als zwei Jahrhunderten entstanden und ebenfalls im Nordosten Jakutiens sesshaft ist. Von den von Süden her immer weiter vordringenden Jakuten zurückgedrängt, haben sich Gruppen der Evenken am Unterlauf der Lena niedergelassen. Ihr Siedlungsraum grenzt im Westen an ein weites Gebiet, das bis an die Kolyma über Tausende von Jahren von den Jukagiren beherrscht wurde. Von ihnen gibt es heute nur noch einige hundert. Sie leben in der Kolyma-Tiefebene, nicht weit von der Alasejamündung und weiter im Süden in der Taiga entlang des Flusses Jasatschnaja in der Kolyma-Hochebene; die Evenen, die ebenfalls von den Jakuten verdrängt wurden, leben im Siedlungsgebiet der Jukagiren in Nordjakutien und haben sich im 19. Jahrhundert bis in den äussersten Norden auf die Halbinsel der Tschuktschen und nach Kamtschatka ausgedehnt, wo die Korjaken von der Rentierzucht leben.

Nomadenvölker, die in der Tundra umherziehen sind auch in der Taiga anzutreffen, wie z.B. die Nenzen, die Evenen und die Evenken. Diese Völker sind über ein weites Gebiet verstreut, das im Westen an die Ob-Irtysch-Wasserscheide, im Osten an das Ochotskische Meer und im Süden an den Tunguska-Oberlauf (Zufluss des Jenissej), die Angara, den Baikalsee und den Amur grenzt. Die Taiga bietet Lebensraum für zahlreiche andere als Nomaden lebende Völker, die ihren Unterhalt durch Jagd und Fischerei oder durch die Rentierjagd bestreiten. Die Ob-Tiefebene im Westen ist das Land der Chanten und der Mansen, die einander kulturell sehr nahe stehen. Sie leben von der Jagd, von der Fischerei, züchten Rentiere und andere Haustiere. Die Keten sind sesshaft und leben an den Ufern des Jenissej von Jagd und Fischerei.

33. Evenen, Ochotsker Gebiet, 1896-1897

34. Evenische Frauen mit Kindern

35. Evenkische Frauen und Kinder,
Jenissej-Gebiet, Anfang des 20. Jh.

36. Am Baikal-See, Verkäufer von Omul

37. Tschuktschen in traditioneller Kleidung

38. Köcher und Pfeile, Tschuktschen, Anadyr-Region, gegerbte Haut, Seehund-Leder, Teile aus Rentierfell, Holz, Metall, Knochen, Vogelfedern. Länge des Köchers: 88 cm, Länge der Pfeile: 76,5 cm; 79 cm; 77,3 cm; 76,5 cm; Durchmesser des Köchers: 21,5 cm; 1904-1907

Im 14. Jahrhundert kamen die Jakuten von Süden her und liessen sich am Mittellauf der Lena nieder. Sie gingen der Pferde- und Rinderzucht nach und breiteten sich auf einem Territorium aus, das so gross ist wie Indien und im Norden an das Eismeer grenzt. Im Laufe ihrer Ausbreitung drängten sie die hier siedelnden Evenken, Evenen, Jukagiren und Tschuktschen nach Norden und Osten ab. Im südlichen Teil Sibiriens an der mongolischen Grenze zwischen Ob und Jenissej, haben sich die Altai, die Tuwinen, ein wenig weiter nördlich die Chakassen und östlich des Baikalsees die Burjaten nach mongolischer Art auf Hornviehzucht spezialisiert, während die Tofalaren, ein winzig kleines Volk, das westlich des Baikalsees siedelt, Rentierzucht betreiben oder in der Taiga von der Jagd oder der Fischerei leben. Die von der Beringsee bis an das Chinesische Meer an der Pazifik-Küste lebenden Völker sind traditionell sesshaft und bejagen die hier lebenden Meeressäugetiere. Die Rede ist hier von den Aleuten des Westteils der Inselgruppe, die durch die russisch-amerikanische Grenze von ihren Verwandten der restlichen Aleuteninseln getrennt sind, und von den Yuit (Eskimos), die an der Küste der Beringsee angesiedelt sind und ebenfalls von ihren in Alaska und Kanada lebenden Verwandten getrennt leben. Auch müssen die an der Küste lebenden Tschuktschen und Korjaken, kleine halbsesshaft lebende Gruppen von Evenen, die an der Küste des Ochotskischen Meeres (in der Region um Magadan) leben, und die Nivchen auf der Insel Sachalin erwähnt werden. Schliesslich kommen die bis in den Fernen Osten Russlands hinein siedelnden Evenken und Evenen mit den Nanai, den Ultschen, den Orotschen, den Oroks, den Negidalen und den Udegen, den Ureinwohnern des Amurbeckens in Berührung. Bevor sie von den Russen kolonisiert wurden, lebten diese halbsesshaften Jäger- und Fischervölker über sehr lange Zeit hinweg unter starkem chinesischem Einfluss.

39. Tundra-Bewohner, Anadyr-Region, Tschuktschen, 1986

Völker verschiedenen Ursprungs

40. Farbig verzierter Stosszahn (Vorderseite), Tschuktschen, Tschukotische Halbinsel, Walross-Stosszahn, Länge: 62 cm, Breite: 6 cm; 1930er Jahre

41. Pfeil, Holz, Knochen, Kommandeur-Inseln, Alëuten

42. Farbig verzierter Stosszahn (Rückseite), Fragment, Tschuktschen, Tschukotische Halbinsel, Walross-Stosszahn, Länge: 62 cm, Breite: 6 cm; 1930er Jahre

Gemäss ihrem unterschiedlichen Ursprung lassen sich die Völker Sibiriens in acht Gruppen aufteilen, von denen die meisten zwei grossen Volksstämmen angehören: den Ural- und den Altaistämmen. Im Westen Sibiriens gehören die Chanten und die Mansen – verwandt mit den finno-ugrischen Stämmen – und ihre nördlichen Nachbarn, die Nenzen, die Enzen, die Nganassanen und die Selkupen, die zusammen die Gruppe der "Samojeden" bilden, zur grossen uralstämmigen Familie. Die Evenken, die Evenen und die Amurvölker gehören zur selben tunguso-mandschurischen Gruppe. Diese Gruppe bildet den Oberbegriff zur grossen altaistämmigen Familie, welche unter den Turkvölkern auch die Jakuten, die Chakassen, die Tuwinen, die Altai, die Dolganen, die Choren und die Tofalaren einerseits und unter den mongolischen Völkern die Burjaten umfasst. Die Keten vom Jenissej und die Nivchen von der Insel Sachalin, deren Sprachen isoliert vorkommen, gehören keiner der genannten Gruppen an. Unabhängig von den bereits angeführten Familien bilden die Völker des Nordostens Sibiriens drei verschiedenen Gruppen: eine tschukotisch-kamtschatkische (früher "paläoasiatische") Gruppe, zu der die Tschuktschen, die Korjaken, die Kereks und die Itelmenen gehören. Die eskalëutische Gruppe umfasst die Yuit und die Alëuten. Schliesslich folgen die Tschuvanzen und die Jukagiren, deren Sprachen miteinander verwandt sind. Sie bilden gemeinsam die "jukagiro-tschuvanzische" Gruppe.

Die meisten der sibirischen Völker zeichnen sich dadurch aus, dass sie zergliedert sind und geographisch verstreut leben, was sich auf ihre Lebensweise und ihre Identität auswirkt. So sind zum Beispiel die Korjaken wie auch die Tschuktschen und die Evenen in zwei unterschiedliche Gruppen aufgeteilt. Die im Küstengebiet siedelnde Gruppe lebt von der Jagd auf Meeressäugetiere, während die andere Gruppe im Hinterland als Rentierzüchter und Nomaden umherzieht. Die unterschiedlichen Dialekte, die von diesen Gruppen gesprochen werden, können sich voneinander soweit unterscheiden, dass die Verständigung zwischen Angehörigen eines einzigen Volkes zu einem Problem wird. So ist die Sprache der Tundra-Jukagiren, die als Rentierzüchter leben, und die der Taiga-Jukagiren, die sich von Jagd und Fischerei ernähren, derart verschieden, dass Spezialisten inzwischen behaupten, dass man nicht mehr von einem, sondern von zwei jukagirischen Völkern ausgehen muss.

43. Pfeife in Form einer Frauensilhouette (Koriaken), Walross-Stosszahn

44. Spielbälle: 1) Fussball 2) Handball. Tschuktschen, Eskimos, Tschukotische Halbinsel, Seehundhaut und –fell, Teile aus Rentierfell. Durchmesser: 1) 58 cm; 2) 25 cm. 1) 1974; 2) 1904-1907

Und dennoch: wie gross die sprachliche und dialektologische Vielfalt auch sein mag, von einer sprachlichen Barriere zwischen den sibirischen Völkern kann inzwischen keine Rede mehr sein, hat doch die russische Sprache bereits seit einiger Zeit die ursprünglichen Sprachen dieser Völker im alltäglichen Leben ersetzt. Als Folge einer Zwangsanpassung im Rahmen der Russifizierung und einer immer stärker zu verzeichnenden demographischen Abnahme unter den sibirischen Urvölkern ist die Anzahl der Sprecher schon heute von vornherein zu klein, als dass das Überleben der Sprache gesichert werden könnte.

45. Ein Kind lernt das Lassowerfen (Tschuktschen)

Vom Untergang bedrohte Kulturen

Von den 32 Millionen Einwohnern Sibiriens gehören kaum mehr als eineinhalb Millionen zu den Ureinwohnern. Abgesehen von den Burjaten, den Jakuten, den Tuwinen, den Chakassen, den Choren und den Altai werden 26 weitere Völker als Kleinstminderheiten (insgesamt etwa 180.000 Personen) und als vom Aussterben bedroht betrachtet.
Die zahlenmässig grösste Gruppe ist die der Nenzen. Nach der letzten Volkszählung beträgt die Volksstärke der Nenzen 34190 Personen. Sie sind eines derjenigen Völker, denen es am besten gelungen ist, ihre traditionelle Lebensweise und Kultur zu bewahren. Die Evenken mit einer vergleichbaren Volksstärke (29901 Personen) haben sich in höherem Masse - hauptsächlich an die Jakuten - angepasst. Von der Grösse der einzelnen Völker ausgehend, sind als nächstes die Chanten mit 22283 Personen zu nennen, danach die Evenen mit 17055, die Choren mit 16652, die Tschuktschen mit 15107, die Nanai mit 11883, die Korjaken mit 8942, die Mansen mit 8279, die Dolganen mit 6584 und die Nivchen mit 4631 Volksangehörigen. Die restlichen Ethnien sind extrem klein. Hier sind zunächst die Völker der Selkupen, der Ultschen, der Itelmenen und der Udegen zu nennen, die zwischen 2000 und 4000 Volksmitglieder zählen.
Die Tschuvanzen, die Nganassanen, die Jukagiren, die Keten, die Saamen und die Yuit zählen etwa 1000 bis 2000 Menschen.
Einige Völker hingegen bestehen nur aus einigen hundert Männern und Frauen: die Orotschen (883 Personen), die Tofalaren (722 Personen), die Aleuten (644 Personen), die Negidalen (587 Personen), die Enzen (198 Personen) und die Oroks (179 Personen). Schliesslich muss noch ein Volk genannt werden, das bei der Volkszählung nicht beachtet wurde: die Kereks, die im Süden des Tschukotka-Gebiets nur noch einige Dutzend Mitglieder zählen.
Die sprachliche und kulturelle Anpassung betrifft die Mehrheit der kleinen Völker, doch bleiben auch die grösseren Völker davon nicht verschont, wie zum Beispiel die Burjaten (417425 Personen), die Jakuten (380242 Personen), die Tuwinen (206160 Personen), die Chakassen (78500 Personen) und die Altai (69409 Personen). Heute lebt nur noch ein geringer Teil der sibirischen Ureinwohner nach seinen traditionellen Lebensweisen. Nur wenige kennen und praktizieren die Traditionen und Sprachen in ihrem Alltagsleben. Die häufig verschwindend geringe Volksstärke einerseits und beunruhigende demographische Faktoren (erhöhte Sterblichkeit, geringe Lebenserwartung, Krankheiten, Alkoholismus, Arbeitslosigkeit, Selbstmord usw.) andererseits wie auch eine stark voranschreitende Assimilierung sind charakteristisch für diese Völker und haben dazu geführt, dass sie in das "Rotbuch der aussterbenden Völker" aufgenommen wurden, das noch zu Zeiten der früheren Sowjetunion erschien.
Um die Gründe für diesen demographischen Schwund verstehen zu können, empfiehlt es sich, einen Blick in die Geschichte zu werfen.

Der Schock der Welten

Die russische Landnahme in Sibirien

Nach langer tatarischer Blockade wurde schliesslich die Ausdehnung des russischen Staatsgebiets jenseits des Ural nach der Unterwerfung des sibirischen Tataren-Khans Kutschum durch den Kosaken Jermak im Jahre 1582 möglich. Die Eroberung Sibiriens ist in atemberaubendem Tempo geschehen und hat viele Menschenleben gefordert. Schon während die Kosakenverbände vorgerückt ist, war die Bevölkerung vor Ort zur Abgabe von Steuern in Form von Pelzen, dem sogenannten Jassak, gezwungen. Die Kosaken haben Festungen errichtet, um von hier aus die neu eroberten Gebiete zu kontrollieren und den Tribut einzutreiben.
Einige Völker, wie die Jakuten, haben sich ohne besonderen Widerstand unterworfen (verstehen es doch die Russen, von Zeit zu Zeit Milde walten zu lassen und Geschenke zu machen), um im nächsten Augenblick allerdings gegen die Besatzer zu revoltieren.

Zahlreicher jedoch sind diejenigen Völker, die sich wie die Chanten und Mansen, die Chakassen, die Evenken, die Evenen und andere gleich zu Anfang erbittert gegen die Eroberer aufgelehnt haben. Die Befriedung des Nordostens Sibiriens im ausgehenden 17. Jahrhundert ist erst nach blutigen Schlachten erreicht worden. Die Jukagiren und danach die Kamtschadalen haben schwere Verluste erlitten, ganze Stämme sind vernichtet worden. Die Unterwerfung der Korjaken hat annähernd 25 Jahre gedauert. Die Hartnäckigkeit des Kriegervolkes der Tschuktschen schliesslich hat den russischen Kanonen über 60 Jahre lang stand gehalten, bis die Russen sich gezwungen sahen, andere Methoden anzuwenden.

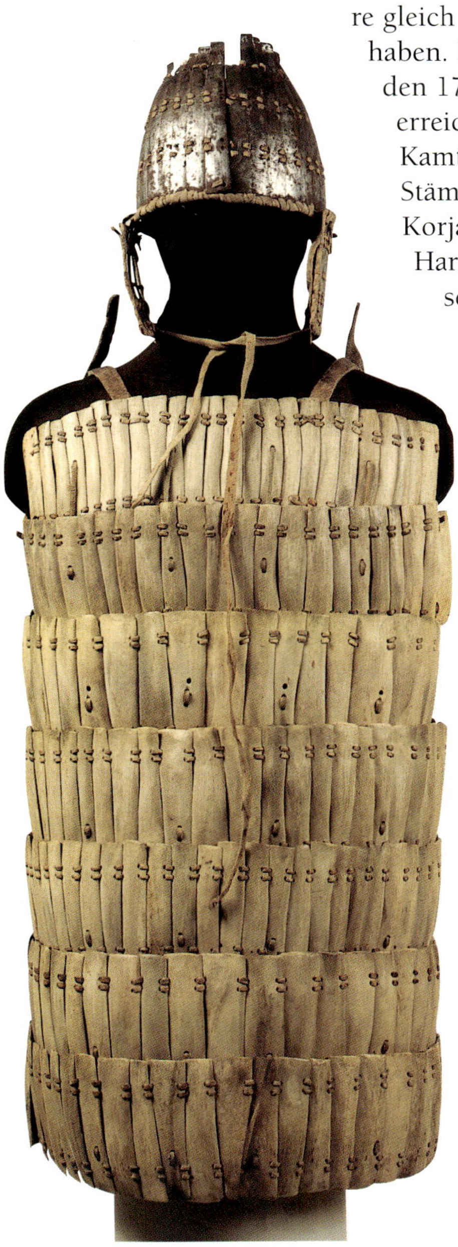

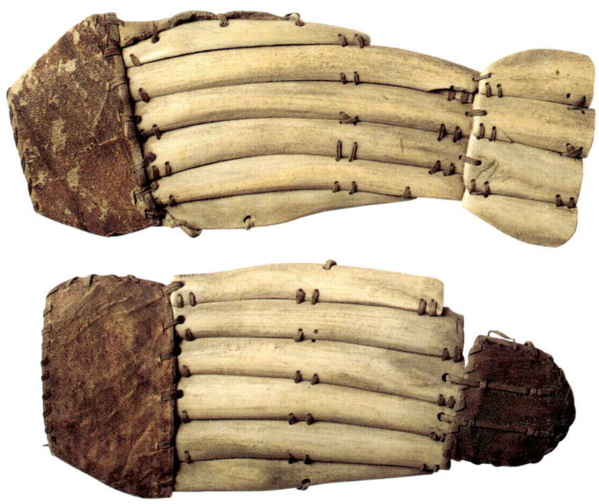

46. Evenische und jakutische Kinder

47. Kriegerrüstung

48. Handschützer der Krieger, Tschuktschen, Anadyr-Region, Rentierhorn, Seehundleder, Länge: 1) 36,5 cm 2) 37 cm, 1904-1907

49. Eine Gruppe von Koriaken neben einem Tschum, Ochotsk, 1896-1897

Die Zarenzeit – Kolonialisierung und demographischer Verfall

Die Einverleibung Sibiriens durch das russisch Reich geht parallel einher mit dem Vordringen der russischen Siedler und der Errichtung eines die sibirischen Urbewohner ausbeutenden Systems. Die zahlreichen Auswirkungen lassen nicht lange auf sich warten. Die Ureinwohner werden in ihrer demographischen Schwäche weiter dezimiert.

Ebenso wie auf dem amerikanischen Kontinent bringen die Siedler Krankheitserreger, wie Pocken, Masern und Syphilis mit, gegen die das Immunsystem der Eingeborenen machtlos ist. Wiederholte Epidemien raffen ganze Stämme dahin. Auf diese Weise sterben Tausende von Jukagiren.

Die Russen schaffen neue Abhängigkeiten, durch die Einfuhr bisher unbekannter und von den sibirischen Ureinwohnern zwar schlecht verträgliche, aber schnell angenommene neue Lebensmittel wie z.B. Wodka, Zucker und Brot. Mit diesen Waren wird ein lebhafter Schwarzhandel im Austausch gegen die in Europa so kostbaren Pelze betrieben.
Auch das Jassak hat auf lange Sicht sehr nachteilige Folgen für die Völker Sibiriens. Neben den Infektionskrankheiten ist hierin der Hauptgrund für den demographischen Schwund während der Zarenzeit zu sehen.

50. Nomaden, Evenen

Die Steuerlast liegt schwer auf den Schultern der Eingeborenen, die sich gezwungen sehen, alle Kraft auf die Beschaffung des "weichen Goldes" zu verwenden. In denjenigen Fällen, in denen das Jassak nicht vollständig beglichen werden kann, haben die zuständigen russischen Beamten verschiedene Möglichkeiten, Druck auszuüben. Die gängigste Praxis besteht darin, eine oder mehrere Personen in Geiselhaft zu nehmen (amanat). Im allgemeinen handelt es sich dabei um Personen, die im "verschuldeten" Stamm eine Schlüsselrolle einnehmen: erfahrene Jäger, Clanchefs, Mitglieder des Ältestenrats. Ohne ausreichend Zeit für die eigene Versorgung, erschöpft und ihrer Anführer oder für das Überleben des Stammes unverzichtbarer Stammesmitglieder beraubt, durchleben die Eingeborenen häufig harte Hungerperioden, die sich unter den harten Bedingungen des Hohen Nordens Sibiriens besonders vernichtend auswirken.

Zu Beginn des 19. Jahrhunderts bricht die Christianisierung mit weiterer Gewalt und Massakern über die Eingeborenen herein. Angesichts ausbleibender Erfolge ändern die Russen ihre Methoden. Von Zeit zu Zeit kommt es zu Plünderungen der sibirischen Ureinwohner durch die russischen Siedler. Im Jahre 1824 wird schliesslich ein Eingeborenengesetz zum Schutze der Völker Sibiriens gegen diese Form der Gewalt erlassen, doch zeitigt dieses kaum Erfolge.

Innerhalb von zwei Jahrhunderten führt die Eroberung Sibiriens zu einer allgemeinen und in einigen Fällen endgültigen Schwächung der eingeborenen Völker. Am Ende des 19. Jahrhunderts befinden sich einige von ihnen durch schlechte Gesundheit, Armut, erhöhte Sterblichkeit und andere Ursachen in einem solchen Zustand, dass ihr baldiges Aussterben unausweichlich zu sein schien.

Das Nordkomitee und erste Hoffnung einer Renaissance

In den ersten Jahren nach der Grossen Oktoberrevolution, unternimmt die Sowjetmacht einige Versuche, die katastrophale Lage der meisten sibirischen Völker zu verbessern. Eine gezielte Politik zum Schutze der am wenigsten entwickelten Völker, die man nun die "nordischen Kleinvölker" nennt (man zählt ihrer 26), wird ins Leben gerufen. Auf Initiative des Ethnologen Bogoras-Tan, eines Spezialisten und Streiters für die Sache der sibirischen Völker, wird durch das Nordkomitee ein Massnahmenkatalog zum Schutz der bedrohten Völker erarbeitet: die nordischen Kleinvölker werden von der Steuer- und Abgabenzahlung entbunden und vom Militärdienst freigestellt. Kultureinrichtungen werden verstreut über ganz Sibirien eingerichtet. Sie bestehen aus einer kleinen Schule, einem Kindergarten, einer Apotheke, einer tierärztlichen Station, einer Wetterstation und in vielen Fällen aus einem kleinen Lenin-Museum. In dieser ersten Zeit berücksichtigt die Alphabetisierung die kulturellen Spezifika: die schulische Ausbildung geschieht in der Sprache der Eingeborenen und wird der Lebensweise der Nomaden durch "rote" Jurten (den Nomaden folgende mobile Schulen) angepasst.

Die Sowjetzeit – Ein Umbruch für Lebens- und Denkweise

Die Massnahmen des Nordkommitees dauerten nicht lange genug an, um Ergebnisse zu zeigen, denn schon bald werden sie vernachlässigt oder nach der Machtergreifung durch die Radikalen ausgesetzt. Sie setzen bis zum Ende der Sowjetzeit ihre Sichtweise durch, wie die verschiedenen Kulturen zu verändern seien, um den homo sovieticus, den Sowjetmenschen zu formen.

51. Brief in Bilderschrift, Evenken, Jenissej-Gebiet, Pinienholz, Kohle, Länge: 59 cm, Breite: 26 cm; 1908

52. Am Körper zu tragendes Kreuz, Jakuten, Metall, Länge: 49 cm, 1906

In Sibirien beginnt die Kollektivierung der Produktionsmittel in den dreissiger Jahren und wird innerhalb etwa eines Jahrzehnts erfolgreich abgeschlossen. Die sibirischen Völker werden ihres Viehbestandes beraubt und in staatlichen Produktionsgenossenschaften, den Kolchosen, zusammengeschlossen. Die Nomadenvölker werden gezwungen, ihre Lebensweise teilweise oder ganz aufzugeben und sesshaft zu werden. Gegner der Kollektivierung und Besitzer grosser Rentierherden werden kurzerhand deportiert. Die für das Leben der sibirischen Gesellschaften unverzichtbaren Schamanen werden als "parasitäre Klasse" einfach vernichtet.

Gleichzeitig erweist sich das im Rahmen der allgemeinen Schulpflicht eingeführte Internats-System als das effektivste Mittel zur Durchsetzung der Politik der Zwangsanpassung. Während des Schuljahres werden die Kinder der Nomadenvölker oder aus entlegenen Dörfern von ihren Familien getrennt und in multiethnischen, jedoch russisch dominierten Einrichtungen zusammengeführt, wo ihnen der Gebrauch ihrer Muttersprache untersagt wird. Die Erziehung, die sie hier erfahren, unterscheidet sich deutlich von der traditionellen Erziehung. Nach Beendigung des Internats tut sich eine Kluft zwischen den Kindern einerseits und ihren Eltern sowie ihrem ursprünglichen Lebensraum andererseits auf. Sie sind ausserstande, die Lebensweise ihrer Vorfahren fortzusetzen, also autonom in der Taiga oder der Tundra zu überleben. Innerhalb weniger Jahre gerät das wertvolle und seit Jahrhunderten von Generation zu Generation weitergegebene Wissen in Vergessenheit.

Die im Zusammenhang mit der zunehmenden Nutzung der sibirischen natürlichen Ressourcen stattfindende Verdrängung der eingeborenen Volksstämme verstärkt diesen Prozess um ein weiteres. Von den dreissiger Jahren an strömen Hunderttausende, später Millionen sowjetischer Migranten, angezogen durch zahlreiche Prämien und verschiedenartige Vorteile, in die nördlichen Regionen, wo sie die ohnehin schon zahlreichen, als Arbeitskräfte eingesetzten Gefangenen des russischen Gulag zusätzlich ergänzen. Dieser Zustrom nimmt bis in den letzten Jahre der Sowjetunion hinein stetig zu. In den sechziger Jahren wird unter Chruschtschov eine Initiative zur "Aufgabe der perspektivlosen kleinen Dörfer" durchgeführt, die parallel zur A,uflösung der Kolchosen und deren Zusammenlegung zu Sovchosen (staatliche Grossbetriebe) stattfindet. Grosse Bevölkerungsteile werden gegen ihren Willen aus ihrer ursprünglichen Heimat in wichtigere urbane Zentren, in denen eine hauptsächlich russischsprachige und die entwurzelten Minderheiten erstickende Bevölkerung lebt, umgesiedelt. Unter diesen Umständen geht der Anpassungsprozess selbstverständlich mit grossem Tempo vonstatten. Dies wird durch Mischehen oder durch russischsprachige Medien natürlich weiterhin verstärkt.

Die Industrialisierung Sibiriens und die immens anwachsende Besiedlung der nördlichen und östlichen Gebiete haben - als weitere negative Auswirkung – auch starke ökologische Folgen. Die hier aufzuzählende Liste ist lang: Entwaldung des russischen Fernen Ostens und der Pazifikküste, Wasserverschmutzung des Ob, des Jenissej, des Viljuj, des Baikalsees und anderer Gewässer, radioaktive Verseuchung in Jakutien, auf Novaja Zemlja und im Jenissej-Gebiet. Zudem saurer Regen im Hochaltaigebirge und im Baikalbecken, Luftverschmutzung in den Industriezentren Noril'sk, im Kuzbas-Becken, in Magadan, Vladivostok, Chabarovsk und anderen Städten. Die Umweltverschmutzung betrifft an erster Stelle die sibirischen Ureinwohner, die beinahe ausschliesslich von den Schätzen der Natur leben. Schrumpfende Weideflächen führen zu einer Abnahme des Viehbestands, die Jagdgebiete werden ebenfalls immer kleiner, weichen immer weiter in die Wildnis zurück. Der Wildbestand nimmt angesichts der Wilderei ab.

53. Ein Haus im Dorf Jigansk an der Lena

Die Fischbestände verringern sich ebenfalls oder werden in vielen Gebieten ungeniessbar.
Doch auch wenn das Sowjetregime die Hauptursache für das teilweise oder in vielen Fällen völlige Aussterben des kulturellen Erbes der Völker des Nordens ist, so erlaubt es ihnen durch eine deutliche Verbesserung der Lebensverhältnisse dennoch eine demographische Stabilisierung. So kommt die Bevölkerung zum Beispiel in den Genuss medizinischer Versorgung, erhält Lohn für geleistete Arbeit, die entlegen lebenden Völker werden mit Brennstoffen, Lebensmitteln und anderen Gütern versorgt. In Notfällen bekommen die Betroffenen über Helikopter Hilfe aus der Luft. Selbst kleinste Dörfer erhalten Bibliotheken, Kulturzentren mit Kinoveranstaltungen. Hier werden Neuigkeiten verbreitet, Theateraufführungen und vieles mehr veranstaltet.

Die Verarmung im postkommunistischen Russland
Die Wirtschaftskrise nach dem Zerfall der Sowjetunion hat für die nördlichen Völker ernste Folgen. Die genannten Vorteile können nicht beibehalten werden, das nach sechzigjähriger Arbeit soeben erreichte Niveau sinkt und lässt die Entwicklung ungeschehen erscheinen. Brennstoffe und Hubschrauber stehen nicht mehr zur Verfügung, und viele der unterstützenden Massnahmen können nicht mehr geleistet werden. Die medizinische Versorgung ist mangelhaft und dadurch nimmt die Sterblichkeit besonders durch Tuberkuloseepidemien stark zu. Aufgrund der anhaltend harten Lebensbedingungen weigern sich viele Frauen, ihre Männer in die Taiga oder in die Tundra zu begleiten; dies geht natürlich zu Lasten der Geburtenrate.

Der Bruch mit den Traditionen, die kulturelle Entwurzelung, der Verlust der eigenen Identität, die Perspektivlosigkeit und die Armut sind einige der vielen Faktoren, durch die man sich das selbstzerstörerische Verhalten vieler Menschen, das sich hauptsächlich im Alkoholismus äussert, erklärt. Und so kommt es, dass, wenn es denn ein Nahrungsmittel gibt, an dem nie Mangel herrscht, es der Wodka ist, dessen Preis an den Zahltagen seinen Höhepunkt erreicht. Die Selbstmordrate ist deutlich angestiegen, tödlich verlaufende Methylvergiftungen durch selbstgebrannten Alkohol gehören zur Tagesordnung. Die Lebenserwartung der sibirischen Ureinwohner liegt bei den Männern unter fünfzig Jahren und ist die niedrigste in ganz Russland.

... und der Wille zu überleben

Dieses allgemein sehr finstere Bild trägt jedoch auch einen Funken Optimismus in sich, der sich in einem einzigen Wort zusammenfassen lässt: "Renaissance". Seit den siebziger Jahren bringen die sibirischen Völker Schriftsteller und Dichter hervor, die sich allesamt der katastrophalen Situation ihrer Völker annehmen und sich nicht damit abfinden, dass ihre alten Kulturen untergehen. Es handelt sich um Persönlichkeiten, deren Namen heute grosse Bekanntheitsgrad erlangt haben: Vladimir Sangui (Nivche), Jurij Rytcheu (Tschuktsche), Anna Nerkagui (Nenzin), die Brüder Kurilov (Jukagiren) usw. Mit der Perestrojka wurde diese Sorge um die Minderheiten offen ausgesprochen und brachte zunächst unter den Eliten, später aber auch unter den breiten Bevölkerungsschichten die Menschen zusammen. Eine Renaissance-Bewegung für die Völker Sibiriens entstand. Sie wird heute durch die 1989 gegründete Assoziation der Kleinvölker des Nordens verkörpert. Diese Assoziation, also die Vertreter aller Kleinvölker Sibiriens, des Hohen Nordens und des russischen Fernen Ostens, vereint, setzt sich ein für den Schutz der Rechte der Eingeborenen, für die Verwaltung der traditionell von ihnen bewohnten Gebiete, für eine selbstbestimmte Entwicklung, den Schutz der Kulturen und der sprachlichen wie auch nationalen Traditionen sowie für eine freie Selbstbestimmung. Die Assoziation der Kleinvölker des Nordens unterhält in Sibirien vor Ort zahlreiche kleinere Kulturvereine, Folkloregruppen, Schneiderei- und Volkskunstwerkstätten. Dennoch erscheint die Wiederbelebung bestimmter traditioneller Wissensgüter von der wirtschaftlichen Konjunktur bestimmt. Für die grösseren Völker Sibiriens, die Burjaten und Jakuten ist die Renaissance leichter, denn sie verfügen über staatliche Strukturen, nationale Institutionen, über einen Finanzhaushalt und andere Dinge, die ihnen helfen, das eigene kulturelle Erbe zu schützen. Diese Völker profitieren seit den zwanziger Jahren auch innerhalb der Russischen Föderation vom Status einer "Autonomen Republik".

Die Realität der Völker des Hohen Nordens von heute stellt sich sehr komplex dar. Ein gutes Drittel der Ureinwohner Sibiriens lebt heute in den Städten und hebt sich in kultureller Hinsicht nur wenig von anderen Bevölkerungsgruppen ab. Die Mehrheit dagegen lebt auch weiterhin auf dem Land und geht zur einen Hälfte ihren traditionellen Tätigkeiten nach oder ist zur anderen Hälfte in anderen Branchen beschäftigt oder aber arbeitslos.

Auch wenn die Anpassung fortschreitet und altes Wissensgut und Traditionen von der jungen Generation nicht mehr beherrscht werden, so scheinen die Hauptindizes der sibirischen Kulturen dennoch stabil zu bleiben: eine weiterhin sehr stark naturverbundene Lebensweise, eine ganzheitliche Sichtweise von Mensch und Natur, die sich durch auch weiterhin betriebene animistische (weniger häufig schamanistische) Bräuche äussert.

Im weiteren Teil dieses Bandes soll näher auf die einzigartigen Lebens- und Denkweisen und ihre Ursprünge der Völker Sibiriens eingegangen werden.

54. Rentierzüchter beim Radiohören, Magadaner Gebiet, Tschuktschen, 1970er Jahre

TRADITIONELLE LEBENSWEISEN DER VÖLKER SIBIRIENS

Einführung in die traditionellen Lebensweisen der sibirischen Völker

Die ursprüngliche Lebensweise der Völker Sibiriens basiert auf einer oder auf mehreren Haupttätigkeiten wie zum Beispiel Fischerei, Jagd, Rentier- oder Rinderzucht. Diese Tätigkeiten werden durch die Eigenheiten der verschiedenen Lebensräume bestimmt und variieren - manchmal sogar innerhalb eines Volkes - von Region zu Region. So sind zum Beispiel die Evenken je nach Region mal Rentierzüchter und Jäger, mal Jäger und Fischer, mal Vieh- und Pferdezüchter. Die Evenen gehen in der Tundra und der Taiga der Rentierzucht nach, leben hingegen an den Küsten des Ochotskischen Meeres von der Jagd auf Meeressäuger.
Die Ureinwohner Sibiriens leben von alters her von den Schätzen, die ihnen ihre Umwelt bietet und passen sich den natürlichen Gegebenheiten an. Das empfindliche Ökosystem, ein rauhes Klima, die Polarnacht und der Polartag im Hohen Norden, das Zugverhalten der Tiere, der Winterschlaf einiger Tierarten, die kurze Vegetationszeit und andere Faktoren bestimmen das Alltagsleben. So führt das Zugverhalten der nach Weidegründen suchenden Rentiere zum Nomadentum derjenigen Menschen, die sie jagen oder züchten. Die Ankunft der Zugvögel im Mai leitet im Hohen Norden die ergiebigste Jagdsaison des Jahres ein.

55. Tschukotischer Rentierzüchter in traditioneller Kleidung, 1970er Jahre

Der Frühling und der Herbst löst bei vielen Fischarten den Zugtrieb aus, der sie an ganz bestimmte Stellen der Flüsse führt (die Lachsarten zum Beispiel schwimmen aus den Meeren bis an die Oberläufe). Dies veranlasst die Fischer regelmässig, den Fischen bis an diejenigen Stellen zu folgen, an denen der Fang am reichsten ist und die weiblichen Tiere ihren Laich in sich tragen. Im Sommer, der kurzen Vegetationsperiode des Jahres, kommen von Region zu Region die verschiedenen Beerenarten zur Reife. In den Küstengebieten hingegen ermöglichen die jahreszeitunabhängigen Bestände an Meeressäugern seit Jahrtausenden eine sesshafte Lebensweise der dort lebenden Menschen. Die Tier- und Pflanzenwelt, die Kreisläufe von Leben und Wiedergeburt der Natur Sibiriens verleihen somit dem Leben der Ureinwohner seinen Rhythmus.

Die Völker Sibiriens sind die Erben bestimmter, sich voneinander unterscheidender materieller Spezifika, die aber trotzdem gemeinsame Züge aufweisen, wie zum Beispiel bei der Ernährung. Der Fisch, von dem sich alle Bewohner Sibiriens ernähren, wird auf unterschiedliche Weise zubereitet und verzehrt, doch ist die verbreitetste Form von Nord nach Süd, von Ost nach West ohne Zweifel der Jukola. Um den Fisch für den Winter haltbar zu machen, legt man ihn im Sommer auf grossen Holzregalen zum Trocknen. Der Jukola ist sehr nahrhaft und war lange Zeit das Brot der Ureinwohner. Die Stroganina ist ein Nahrungsmittel der Bewohner der kältesten Zonen.

56. Sommerlager der Jakuten während der Heuernte

57. Evenisches Frauenkostüm (Rückseite), Rentierfell, gegerbte Rentierhaut, Seehundfell

58. Evenisches Frauenkostüm

59. Männerkleidung, Evenken, Ochotsker Region, Pferdefell, Rentiermähne, Glasperlen, gegerbte Haut, Stoff, Länge des Umhangs: 90cm, Länge des Brustschmucks: 89cm; Länge der Sohlen: 28 cm, Breite des Brustschmucks: 49 cm; Höhe der Stiefel: 36 cm; 1904

60. Männerhose, Evenken, Jenissej-Region, gegerbte Haut, Glasperlen, Baumwollstoff, Rentierfell; Länge: 38 cm, 1908

61. Decke, Evenken, Ochotsker Gebiet, Rentierfell, Stoff, Baumwollgewebe, Glasperlen; Länge: 61 cm; Breite: 38 cm; 1905

62. Wandteppich, eingegliederte Russen, Dorf Markovo, Kamtschatka, Rentierfell, Länge: 236 cm, Breite: 219 cm; 1910

63. Almauftrieb, Jenissej-Gebiet,
Evenken, Anfang des 20. Jh.

64. Frau mit Rentierfell in der Hand im Innern eines Jarange, Dorf Amgujon, Tschuktschen, 1987

65. Frauengürtel, Evenken, Becken der Tiefen Tunguska, gegerbte Haut, Glasperlen, Perlen, Metall. Länge: 91 cm, Breite: 9 cm; Anfang des 20. Jh.

Es handelt sich hierbei um einen bei einer Temperatur von unter –40° C geangelten Fisch, der sofort friert, sobald er das Wasser verlässt und an die Luft kommt, so konserviert und später - in feine Scheiben geschnitten - verzehrt wird. Bei allen Völkern des Nordens – bei Russen ebenso wie bei den Eingeborenen – wird die Stroganina sogar in den Städten, in denen im Winter ja Balkone als Gefrierschränke dienen (die Temperatur liegt hier in der Regel unter der der Gefrierschränke), für besondere Festlichkeiten zubereitet. Auch bei der Verwendung verschiedener Materialien lassen sich Regelmässigkeiten feststellen: Holz, Schalen, Rinden und Häute werden zur Herstellung von Kleidung, Kunstgegenständen und Gegenständen des Alltags verwendet. Bei der Herstellung von Bekleidung ist Rentierhaut in allen Regionen Sibiriens das am häufigsten verwendete Material. Besonders Winterstiefel werden aus den Häuten von Jungtieren gefertigt. Bei den Völkern des Hohen Nordens, den Nenzen, Nganassanen, Jukagiren benutzt man das kleine und rauhe Fellstück zwischen dem grossen und kleinen Huf des Rentiers für die Stiefelsohle. Diese Stücke, von denen man eine grosse Menge benötigt, um ein paar Sohlen daraus zu fertigen, bieten eine perfekte Wärmeisolation der Füsse.
Die unterschiedlichen Lebensweisen der Völker Sibiriens, von denen sich zahlreiche Einzelaspekte verändert haben oder ganz verlorengegangen sind, haben allesamt gemein, dass sie eine hervorragende Anpassung an eine eigentlich sehr unwirtliche Umwelt bieten. Die Kulturen der sibirischen Völker auf materieller Ebene stellen ein Erbe dar, das für die Menschheit von grossem Wert ist. Es umfasst ein grosses Wissen um die nördlichen Lebensräume, um die Tier- und Pflanzenwelt und das Klima, es beinhaltet Fertigkeiten, die im Laufe mehrerer Jahrtausende erarbeitet und über Generationen hinweg weitergegeben wurden. Diese Fertigkeiten sichern einerseits das Überleben der Menschen, sind jedoch andererseits auch Ausdruck künstlerischer Kreativität.

66. Kleine Skulptur "Reise auf dem Rücken eines Rens", Tschuktschen, Anadyr-Region, Walross-Stosszahn, Länge: 7,5 cm, maximale Höhe: 7 cm; 1906

67. Darstellung einer Frau, Koriaken, Anadyr-Region, Rentierhorn, Höhe: 10,7 cm; 1906

68. "Verarbeitung der Häute", Tschuktschen, Koriaken, Tschukotische Halbinsel und Kamtschatka, Ende des 19. Jh. / Anfang des 20. Jh.

Die Nutzung des Rens

Die Vorfahren der Evenken und der Evenen haben das sibirische Rentier als erste domestiziert. Sie nutzen es bis in unsere Zeit als hervorragend an die Verhältnisse der Taiga angepasstes Transport- und Reittier, besonders um mit seiner Hilfe Jagd auf andere Huftiere zu machen. Das Rentier spielt für die Existenz dieser beiden Völker, die in ihrer eigenen Sprache den Namen "Rentier-Menschen" tragen, eine zentrale Rolle.
Als typische Erwerbstätigkeit in Sibirien betreibt etwa ein Dutzend der sibirischen Völker mehr oder weniger intensiv Rentierzucht: die Nenzen, die Nganassanen, die Tschuktschen, die Korjaken, die Evenen, die Dolganen, die Jukagiren, die Chanten, die Tofalaren und andere gehen in der Tundra und in der Taiga mit regional unterschiedlichen Charakteristika und Praktiken dieser Tätigkeit nach. In der Taiga sind die Herden mit durchschnittlich 20 bis 25 Tieren relativ klein. Herden mit etwa 50 Tieren gelten hier bereits als die grössten. Die Rentiere werden hier ausschliesslich zur Fortbewegung gehalten und gezüchtet, während die Versorgung mit Nahrungsmitteln durch Jagd und Fischerei gesichert wird. Für die Chanten zum Beispiel, die die Rentierzucht von den Nenzen übernommen haben, spielt diese lediglich eine Nebenrolle. In der Tundra nehmen die Rentiere einen wichtigeren Stellenwert ein als in der Taiga. Daher erreichen die Herden hier auch unterschiedliche Grössen – einhundert bis zu mehreren Tausend Tieren. Das Rentier als Haustier stellt für die Völker des Hohen Nordens eine zentrale Lebensgrundlage dar.
Die Flechten als Hauptnahrung des Rens wachsen jährlich nur drei Millimeter. Wenn sie zur Neige gehen, müssen andere Weidegründe aufgesucht werden. Und so bestimmt das Zugverhalten der Rentiere den Lebensrythmus der Menschen. Die Wanderrouten der Rentiere verändern sich proportional zur Herdengrösse. Je grösser die Herden sind, desto häufiger werden die Weideflächen verlassen und neue aufgesucht. Die Zuggebiete reichen von der Waldtundra oder der Taiga im Winter, wo die Rentiere unter der Schneedecke leichter Nahrung finden und die Menschen sie füttern, bis in die weiten kahlen Ebenen des Hohen Nordens im Sommer. Die Kleinherden hingegen legen nur kleine Distanzen zurück. Zwischen Winter- und Sommerweide liegen in der Regel 40-60, maximal jedoch 100 Kilometer. In der Taiga passen die von der Jagd und der Rentierzucht lebenden Völker ihre Wanderrouten den Zugwegen der bejagten Tier- und Fischarten an.

69. Rentierzüchter in der Tundra, Anadyr-Region, Tschuktschen, 1979

Die grössten Rentierzüchter in Ostsibirien sind die Nenzen, im westlichen Teil Sibiriens sind es die Tschuktschen und die Korjaken. Zwar sind die "Tschautschu" und die "Tschavtschuvenen", wie sich Tschuktschen und Korjaken gegenseitig nennen, weniger gut organisiert als die Nenzen, doch besitzen sie in ganz Sibirien die grössten Rentierherden. Die Nenzen lassen ihre Rentiere das ganze Jahr über auf den Weiden. Die umherziehenden Herden werden von Hirten und ihren dressierten Hunden beaufsichtigt. Bei den Tschuktschen und Korjaken hingegen zogen die Herden bis in die fünfziger Jahre hinein frei von Weidegrund zu Weidegrund und die Rentierzüchter, denen der Einsatz von Hirtenhunden fremd war, verloren viel Zeit damit, entlaufenen Tieren nachzustellen und sie wieder in die Herde zu integrieren.
Die Rentiere der Evenen sind bei den Tschuktschen und Korjaken sehr geschätzt. Der Tauschkurs betrug früher zwei ihrer Rentiere gegen ein einziges Rentier der Evenen. Dasselbe gilt für alle Taiga-Rentiere, die aufgrund ihrer Grösse bei allen Rentierzüchtern der Tundra hoch im Preis stehen.

70. Spielzeug-Rentierminiatur, Koriaken, Kamtschatka, Holz, Länge: 18 cm, Höhe: 12 cm; 1897

71. Frauenpuppe, Evenken, Jenissej-Gebiet, Stoff, Rentierknöchel, Fell

In der Tundra nutzt man das Rentier nicht als Reittier, sondern es wird als Zugtier vor Karren und Schlitten gespannt. In der Taiga bei den Evenen und den Evenken hingegen ist das Rentier das bei weitem wichtigste Fortbewegungsmittel. Tatsächlich ist das Rentier für die gebirgigen und waldigen Gebiete ideal ausgestattet. Auch die Tuwinen, die im Süden Sibiriens von der Rinder- und Pferdezucht leben, nutzen das Ren in den Bergen als Reittier.

Die Rentierzucht ist eine körperlich anstrengende Tätigkeit, und zwar nicht nur im Kälte und Hunger bringenden Winter. Nach dem Werfen (im Monat Mai) müssen die Hirten Tag und Nacht auf die jungen Kälber aufpassen, die ansonsten Gefahr laufen, den Wölfen zum Opfer zu fallen. Im ausgehenden Sommer, wenn die Pilze aus dem Boden schiessen, müssen die Hirten ebenfalls ein sehr wachsames Auge haben, denn Rentiere lieben Pilze über alles. Um die Herden in dieser Zeit (der Polartag geht nun zu Ende) zusammenzuhalten, müssen sie aufmerksamer als sonst bewacht und für die Nacht in der Nähe des Lagers eingegattert werden.

Die Kleinzüchter der Taiga ernähren sich hauptsächlich von der Jagd, der Fischerei und dem Sammeln von Früchten und Beeren. Die Besitzer grösserer Herden dagegen leben fast ausschliesslich von den Produkten, die sie aus den Tieren gewinnen, die im beginnenden Herbst geschlachtet werden. Hierbei wird das ganze Tier verwertet, Abfälle gibt es nicht. Das Fleisch wird roh, gekocht oder gefroren verzehrt. Um es haltbar zu machen, räuchert man es. Das Blut wird noch schlachtwarm getrunken, das rohe Knochenmark gilt bei den Rentierzüchtern als Festmahl. Das gewonnene Fett wird als Nahrungsmittel oder auch für die Beleuchtung verwendet. Die Nenzen fertigen aus dem Fett Kerzen. Die Sehnen und Bänder werden als Nähgarn für die Kleidungsherstellung oder als Bindfaden verwendet.

72. Kinderkombination (Koriaken), Rentierfell und gegerbte Haut

73. Kinderspielpuppe (Koriaken), Rentierfell, Glasperlen

74. Frauenpuppe, Evenen, Anadyr-Gebiet, Rentierfell, Stoff, Baumwollgewebe, Glasperlen, gegerbte Haut, Höhe: 16cm; 1910

Aus den Häuten werden Leinen hergestellt, die als Lasso oder als Zaumzeug für die Rentiere dienen. Leder und Fell des Rentiers werden hauptsächlich bei der Herstellung von Kleidung verarbeitet. Aus ihnen werden auch grosse Teppiche und Zeltbahnen gefertigt, mit denen sich die Rentierzüchter und Jäger in ihren Behausungen vor Wind und Kälte schützen.
Es gibt zwei Typen dieser Behausungen: das "Tschum", das in Zentral- und Westsibirien verbreitet ist, wie zum Beispiel bei den Nenzen, Nganassanen, Dolganen, Evenken und anderen und das "Jarange". Letzteres wird bei den Völkern des Nordostens wie den Tschuktschen, Korjaken oder Evenen verwendet Das Tschum hat eine konische Form, ist eine mobile Behausung und besteht aus einer variablen Anzahl von Streben (etwa 20-50 Stück), die kreisförmig in die Erde gerammt und am oberen Ende zusammengebunden werden. Im Winter wird das Tschum durch zwei Schichten aus Rentierfell abgedeckt. Die erste Schicht wird mit der Fellseite nach innen, die zweite mit der Fellseite nach aussen auf das Gestell aufgelegt. Im Sommer wird das Tschum in der Regel mit Birkenrinde und Moos gedeckt. In der Mitte der Behausung werden in einer Höhe von etwa einem bis eineinhalb Metern über dem Boden zwei Streben waagerecht angebracht, an denen man allerlei Gegenstände über das Feuer hängt: Kochgeschirr, Kochkessel, Kleidung, Schuhe usw. Bei den Nenzen liegt der bewohnte Teil des Tschum an beiden offenen Seiten der Feuerstätte, links und rechts des Eingangs. Der Boden wird durch übereinandergeschichtete Weidengeflechte, durch Heu und einen Teppich aus Rentierfell isoliert. Der dem Eingangsbereich gegenüberliegende Abschnitt des Tschum gilt als "reiner" Ort. Hier werden heilige Gegenstände, Geschirr und Nahrungsreserven aufbewahrt. Bei den Evenken ist der Teil rechts oder links des Eingangs den Frauen vorbehalten, die restliche Familie versammelt sich in der Mitte des Tschum, während der Teil gegenüber dem Eingang für männliche Gäste vorgesehen ist.
Das Jarange ist ein anderer Zelttyp. Seine Form ist unten herum zylindrisch und an der Spitze konisch zulaufend und hält den starken Böen und Schneestürmen des Nordens sicher stand. Im Winter deckt man das Jarange mit Zeltbahnen aus Rentierfell. Diese Zeltbahnen werden durch schwere Steine gehalten oder an den in den Schnee gerammten Streben befestigt. Der Eingang des Jarange weist in der Regel in östliche oder nordöstliche Richtung. Aufbau und Abbau des Jarange, die Herstellung der Einzelteile so wie das Deckmaterial, der Teppich, die Zeltbahnen und Schnüre, und die Instandhaltung sind Aufgabe der Frauen. Bei den Korjaken und den Tschuktschen umfasst ein Lager fünf bis zehn Jarange, in denen jeweils eine oder zwei miteinander verwandte Familien leben. Etwa 20 Gespanne sind vonnöten, um ein Jarange mitsamt seinen Bewohnern zu transportieren. Früher verwendeten die grössten Rentierzüchterfamilien mit einem Herdenbestand von bis zu 5000 Tieren annähernd 150 Gespanne für ihre Umzüge.

75. Tschuktschen-Lager,
Kamtschatka, Tschuktschen, 1912

76. Arbeit der Rentierzüchter und -hirten, Magadaner Gebiet, Tschuktschen, Tschuvanzen; 1987

Das Rentierfell ist das wärmste überhaupt. Daher wird es von den Ureinwohnern Sibiriens nicht nur zur Isolation der Tschum und der Jarange verwendet, sondern auch für die Herstellung der Bekleidung, besonders für die der Rentierzüchter und Jäger, die aufgrund ihrer Tätigkeit dazu gezwungen sind, auch im Winter lange Zeit im Freien zu verbringen.
Die Nenzen tragen die Maliza, eine grosse Rentierfelltunika mit angenähter Fellkapuze und Fellhandschuhen. Bei besonders tiefen Temperaturen tragen sie über ihren Maliza das Sokui, ein Kleidungsstück aus Rentierfell, das ebenfalls mit Kapuze versehen ist. Das Sokui der Jäger bei den Nenzen und den Nganassanen ist aus verschiedenen Materialien gefertigt: Rentierfell im Hinterteil, um die Nieren zu wärmen, Hundefell vorn, um die Bewegungen der Jäger so lautlos wie möglich zu machen.
Die Tschuktschen und die Korjaken tragen die Kuchlianka, eine doppelschichtige Tunika aus Rentierfell, wobei die erste Schicht mit dem Fell nach innen und die zweite nach aussen genäht ist. Kragen und Ärmelenden der Kuchlianka können mit Hunde- oder Ziegenfell verbrämt sein.
Die Rentierfellstiefel (Unty, Torbasa) mit Glasperlenschmuck an der Aussenseite und Filzsohlen werden in allen Regionen Nordsibiriens, auch in den Städten getragen.
Das Fell des domestizierten Rens weist von schwarz-weiss über gräulich bis braun verschiedene Färbungen auf. Braunes Fell mit weissen Sprenkeln wird besonders für die Festtagskleidung verwendet, die sich durch zusätzliche Metallornamente, bunte Glasperlen oder verschiedene Anhängsel (bei den Evenen zum Beispiel kleine Pelztiere, die an das traditionelle Festgewand angebracht werden) von der Alltagskleidung unterscheidet.
Ab April müssen die Einwohner der Tundra und der Taiga ihre Augen vor den Reflexionen der Sonne im Schnee und vor dem Wind schützen. Früher fanden hierzu spezielle Brillen Verwendung, die mit waagerechten Schlitzen aus Metall, Holz, Rinde oder einfach aus Haar gefertigt wurden.

77. Farbig verzierter Stosszahn (Rückseite), Fragment, Tschuktschen, Tschukotische Halbinsel, Walross-Stosszahn, Länge: 62 cm, Breite: 6 cm; 1930er Jahre

78. Messer für Frauen zum Zerschneiden des Fleisches, zum Zuschneiden der Felle, zum Durchtrennen der Nabelschnur bei Neugeborenen (in früheren Zeiten), Tschuktschen, Metall, Walross-Stosszahn, Klingenlänge: 20 cm, Grifflänge: 11 cm, Anfang des 20. Jh.

79. Kleine Skulptur "Teestunde" und "Festmahl", Koriaken, Kamtschatka, Walross-Stosszahn, Länge: 1) 6 cm; 2) 6,7 cm; Höhe: 1) 4,5 cm 2) 7 cm; 1911

80. Kleidung für Alte, Tschuktschen; 1904-1907

81. Kleidung für Alte, Tschuktschen; 1904-1907

82. Umhang für junge Mädchen (Rückansicht), Evenken, Jenissej-Gebiet, gegerbte Haut, Pferdemähne, Glasperlen, Perlen, Länge: 88 cm; 1905

83. Kostüm für ein junges Mädchen, Evenken, Jenissej-Region, gegerbte Haut, Pferdemähne, Glasperlen, Perlen, Rentierfell, Baumwollgewebe, Länge des Umhangs: 88 cm; Länge des Brustschmucks: 90 cm; Breite: 38 cm; 1905, Anfang des 20. Jh.

84. Gruppe von Kindern in der
Nähe eines Sommer-Tschum,
Ochotsker Gebiet

85. Evenken neben einem Sommer-Tschum, Ochotsker Gebiet

86. Männer-Winterkleidung, Koriaken, Rentierhaut, Hundefell, gegerbte Haut, Glasperlen, Länge der Kuchljanka: 126 cm, Länge der Hose: 106 cm und 110 cm, Länge der Schuhe: 71cm und 74 cm, Länge der Sohlen: 32 cm und 31 cm, Höhe der Mütze: 32 cm, Breite der Mütze: 33 cm; 1970er Jahre

87. Winterkleidung für Frauen, Tschuktschen, Tschukotische Halbinsel, Rentierfell, Hundefell, gegerbte Haut; Länge: 103 cm; 1970er Jahre

88. Frauen-Festkleid, Koriaken, Kamtschatka, Rentierhaut, Hundefell, gegerbte Rentierhaut, Glasperlen. Länge der Kuchljanka: 127 cm, Länge der Sohlen: 26 cm, Höhe der Stiefel: 28 cm, Länge der Ärmel: 130 cm, 1970er Jahre

89. Frauen-Festkleid, Jakuten, Stoff, Brokat, Biberfell, Seekatzenfell, Marderfell, Vielfrassfell, Zobelfell, Luchsfell, Metall, Seide, Stoff, Perlen, Länge des Mantels: 134 cm, Länge der Kopfbedeckung: 74 cm, Länge des Kopfschmucks: 97 cm, 1903-1908

90. Jäger während eines Rituals zu Ehren eines getöteten Bären, Jenissej-Region, Evenken, Anfang des 20. Jh.

Die Küstenbewohner

An der arktischen oder pazifischen Küste können einige Nomaden- oder Halbnomadenvölker besonders im Sommer Meeressäugetiere jagen, um sich mit Fellen, Fett oder zusätzlichem Fleisch zu versorgen. Hierzu gehören die Nenzen oder, wenn sie im Sommer mit ihren Rentieren bis in die arktischen Küstengebiete gelangen, die Nganassanen. Die Evenken, die Ultschen, die Oroks und die Orotschen erreichen zu dieser Zeit eher die pazifischen Küstengebiete. Für die Nivchen auf Sachalin und besonders im Hohen Nordosten für die Alëuten, die Yuit, für die Küstenstämme der Tschuktschen (Ankalynen), der Korjaken (Nymylanen) und der Evenen (Neme) ist die Jagd auf Meeressäugetiere die wichtigste Lebensgrundlage für Kultur, Tradition, materielle Versorgung und das spirituelle Leben.
Die Beringstrasse, der St.-Lorenz-Golf und die Region am Kap Tschaplino gehören zu den wichtigsten Gebieten für die Jagd auf Meeressäuger. In diesem Landstrich liegen die Dörfer der Jäger entlang der Küste, in den Buchten oder auf den Küstenanhöhen. Von ihren Behausungen aus haben die Jäger gute Sicht auf das Meer, was ihnen die Möglichkeit gibt, ihre Beute ausfindig zu machen: Walrosse, Seehunde, Seelöwen, Belugas, Wale. Zu den traditionellen Jagdwaffen gehören Harpune und Lanze, die heute in vielen Fällen durch Schusswaffen ergänzt werden. Die Jagdtechniken sind zahlreich und abhängig von der Jahreszeit, dem bejagten Tier und den alten religiösen Überlierungen, die mit den verschiedenen Tieren verbunden sind.

91. Körbe, Alëuten, Koriaken, Kommandeur-Inseln, Kamtschatka, Algen, Perlen, aus Fell gefertigte Fäden, Bemalung, gegerbte Haut, Durchmesser: 1) 25,5 cm; Durchmesser oben: 17,2 cm 2) unten: 22 cm, Höhe: 1) 12 cm, 2)13 cm; Anfang des 20. Jh.

92. Körbe, Alëuten, Alëuten-Inselgruppe, Insel Umnak, Algen, aus Fell gefertigte Fäden, Durchmesser am Boden: 1) 11,5 cm; 2) 18 cm, 3) 32,5 cm. 1909 bis 1910

Zu Beginn des Winters, wenn das Eis noch dünn ist, macht man Jagd auf Seelöwen. Man benutzt hierzu Netze, die unter den ins Eis geschlagenen Atemlöchern angebracht werden. Die gleiche Methode benutzt man auch bei der Seehundjagd. In vielen Fällen auch verharrt der Jäger regungslos auf der Leeseite des Atemlochs, um das Tier beim Atemholen entweder mit der Harpune oder mit einem Gewehrschuss zu erlegen. Bei den Tschuktschen sind Jagdhunde speziell darauf abgerichtet, die Atemlöcher der Tiere aufzuspüren. Im beginnenden Frühling, wenn die Seehunde sich auf den Sandbänken sonnen, nähern sich ihnen die Jäger so leise wie möglich. Sie kriechen herbei, imitieren die Bewegungen der Tiere, wobei sie sich manchmal mit einem Seehundfell bedecken.

Von der Zeit der Schneeschmelze an gehen die Aleuten wie die Eskimos in Kajaks oder – wie im Falle der Tschuktschen und der Korjaken – in Baidaren auf die Jagd. Dabei handelt es sich um unterschiedlich grosse, leichte und durch ihre Bauweise aus Holz und Seehund- oder Walrossleder dennoch sehr widerstandsfähige Wasserfahrzeuge.

Während die Seehundjagd alleine stattfindet, geschieht die Jagd auf Walrosse oder auf Wale stets gemeinsam in mehreren Baidaren. In jedem Baidar finden sechs Ruderer an den Seiten Platz: ein oder zwei Harpuniere am Bug, fünf oder sechs Ruderer ab den Seiten und am Heck der Besitzer des Baidars. Sobald ein Walross ausgemacht ist, steuern die Ruderer das Boot auf dieses zu, die Harpuniere platzieren ihre Waffen, die mit einer Leine am Leibriemen des Harpuniers befestigt sind. Mit Hilfe dieser Jagdmethode verrät das getroffene Tier seinen Fluchtweg und lenkt seine Jäger. Das Tier wird schliesslich eingeholt und mit der Lanze oder häufiger mit dem Gewehr getötet. Das Beutetier wird an Ort und Stelle zerlegt und die Beute zu gleichen Teilen unter der Besatzung aufgeteilt.

93. Farbig verzierter Stosszahn (Vorderseite), Tschuktschen, Tschukotische Halbinsel, Walross-Stosszahn, Länge: 51 cm, Breite: 7 cm, 1930er Jahre

94. Löffel, Aleuten, Nordosten Amerikas, Holz, Länge: 28,5 cm, Anfang des 20. Jh.

95. Geschnitzter Walross-Stosszahn, Tschuktschen

96. Geldbeutel alëutischer Frauen, Algen, aus Fell gefertigte Fäden, Stoff

97. Kleiner Teppich, Alëuten, Alëutische Inseln, Algen, aus Fell gefertigte Fäden, Haut, Länge: 39 cm, 1909-1910

98. Frauen-Umhang, Alëuten, Aleutische Inseln, Insel Omnak, Algen, aus Fell gefertigte Fäden, Länge: 74 cm, Breite: 39 cm, 1909-1910

99. Kleine Skulptur "Finnwal mit Seehund zwischen den Zähnen", Eskimos, Tschukotka, Walross-Stosszahn, Länge: 7,5 cm, Höhe: 2,7 cm, Anfang des 20 Jh.

100. Kleine Skulptur "Walross-Jagd", Tschuktschen, Walross-Stosszahn, Länge: 17,8 cm, maximale Höhe: 2,8 cm, 1906

101. geschnitzter Walross-Stosszahn, Tschuktschen

102. Farbig verzierter Stosszahn (Rückseite), Fragment, Tschuktschen, Tschukotische Halbinsel, Walross-Stosszahn, Länge: 57 cm, Breite: 6cm, 1930er Jahre

103. Eskimo mit einer Walharpune,
Dorf Tschaplino, Eskimos, 1953

104. Jägerhut, Alëuten, Alëutische Inseln, Holz, Knochen, Länge: 38,5cm, Höhe: 22 cm, Anfang des 20 Jh.

105. Jägerhut, Alëuten, Kommandeur-Inseln, Holz, Länge: 54 cm, Höhe: 17 cm, Anfang des 20 Jh.

Beim Walfang werden dieselben Methoden verwendet, doch sind hier angesichts der Grösse der Tiere mehrere Baidare vonnöten. Jeder Walfang ist Anlass für ein grosses Fest, denn ein einziges erlegtes Tier bietet einem Dorf Nahrung für ein ganzes Jahr. Das Meer liefert den Küstenbewohnern alle lebensnotwendigen Dinge: Nahrung, Brennstoffe, Baustoffe, Kleidung und Kunstgegenstände.

Die Küstenjäger stellen ihre Baidare im Winter und ihre Gespanne im Sommer auf etwa zwei Meter hohen Gestellen ab. Diese waren früher aus in den Boden gerammten Rippenknochen erlegter Wale gefertigt. Daraus und aus den Kieferknochen der Wale wurden früher auch die runden Gerüste für die traditionellen Behausungen der Küstenbewohner Nordostsibiriens hergestellt. Es handelte sich dabei um halb unterirdisch gebaute Hütten, die mit Moos und Erde abgedeckt wurden. Bei den Yuit fanden hier zeitweise ganze Sippen (etwa 40 Personen) Unterschlupf. Bei den Tschuktschen und Korjaken gelangte man durch eine Öffnung im Dach über eine Holztreppe in das Innere der Hütte. Im Winter, wenn es darum ging, die Wärme im Innern der Behausung zu halten, gelangte man nur durch einen langen Gang nach aussen. Seehundfelle wurden hier als Teppich oder Wandbehang benutzt. Zur Beleuchtung und zum Heizen der Behausung dienten Moos und Wal- oder Walrossfett, das man in einem Stein- oder Tonofen verbrannte. Diese Ausstattung erlaubte es auch, gekochte Nahrung zuzubereiten. Fett war somit der wichtigste und kostbarste Stoff. Bei den Eskimos wurde es in Gefässen aus Wal- oder Walrossblasen aufbewahrt. Die Tschuktschen setzten hierzu Säcke aus Seehundfell ein und tauschten das Fett gegen Rentierfelle und Rentierfleisch, das sie von den Nomaden erhielten.

Heutzutage ist diese Lebensweise längst Vergangenheit. Die Menschen wohnen in Jarange oder festen Holzhäusern, und Kerzen haben die mit Fett betriebenen Kienspanlampen ersetzt.

106. Baidar, Werkzeug und Waffen für die gemeinsame Jagd auf Meeressäuger. Tschuktschen, Eskimos, 1970-1974

107. Modell "Jäger im Baidar", Eskimos, Holz, Länge: 46 cm, Höhe: 8,5 cm, Anfang des 20. Jh.

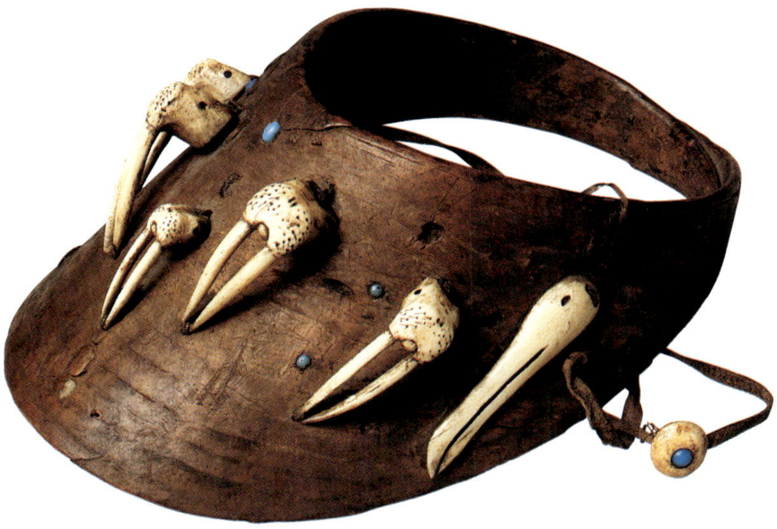

108. Kleiner Teppich, Eskimos, Kamtschatka, Seehundfell und –haut, Teile aus Rentierfell, Länge: 70 cm, Breite: 68,5 cm; 1909

109. Glücksbringer, Aleüten, Aleütische Inseln, Holz, Haut, Walross-Stosszahn, Durchmesser 29,8 / 21,8 cm, Höhe: 8,7 cm

110. Frauentasche, Eskimos, Tschukotische Halbinsel, Seehundfell und –haut, Teile aus Rentierfell, Länge: 37 cm, Breite: 49 cm, Anfang des 20. Jh.

111. Frauentasche, Alëuten, Alëutische Inseln, Innereien von Meeressäugern, Vogelflaum, Fell, Vogelhaut, Länge: 34 cm, Höhe: 36 cm; 1909-1910

112. Ausnehmen eines Walrosses,
Magadaner Gebiet, Tschuktschen
der Küste, 1953

113. Jäger beim Ausnehmen eines Wals (Tschuktschen / Eskimos)

Die Sommerkleidung der Küstenbewohner wird traditionell aus Seehund-, Walross-, Seelöwen-, oder Bärenfell angefertigt, während die Winterkleidung aus Rentierfell hergestellt wird. Bevor der Austausch mit den Rentierzüchtern möglich wurde, benutzten die Eskimos Häute und Federn von Vögeln für die Isolation der Kleidung. Die Yuit tragen Fellschuhe und darüber dicke Stiefel und Hosen aus Seehund- oder Seelöwenfell, wobei das Fell nach innen gewendet ist. In den kältesten Monaten tragen sie wie die Tschuktschen und die Korjaken die Kuchlianka aus Rentierfell. Die Kamlejka, ein aus Walrossinnereien gefertigter wasserdichter Mantel, wird über die restliche Kleidung gezogen. Als bemerkenswerter Schutz gegen Spritzwasser wird sie besonders bei der Jagd zu Wasser getragen.
Bei der Ernährung der Küstenbewohner Sibiriens spielen das Fleisch und das Fett der Meeressäugetiere eine zentrale Rolle. Das Fleisch wird roh, geräuchert, gekocht, gefroren oder gar fermentiert verzehrt. Um das Walross- oder Walfleisch für den Winter zu konservieren, hüllen die Tschuktschen das Fleisch luftdicht in einen Sack aus Seehundfell ein und vergraben diesen für den Fermentierungsvorgang den ganzen Sommer über an einer schneebedeckten Stelle. Auf diese Weise sichern sie sich ihre Reserven an fermentiertem und im Dauerfrostboden gefrorenem Fleisch. Die schwarze und zudem elastische Walhaut mit den feinen rötlichen Fettschichten ist ein Festschmaus für die Jäger der sibirischen Küsten. Daneben ernähren sie sich von Rentierfleisch, Fisch (besonders von Lachs, woraus sie das Jukola herstellen) und von Beeren und Gemüse.
Die Knochen, die Stosszähne der Walrosse, die Rippen- und Kieferknochen der Meerestiere schliesslich sind Ausgangsmaterialien einer sehr weit entwickelten Volkskunst, die bis in unsere Zeit bei allen diesen Völkern anzutreffen ist. Motive wie Statuetten von Menschen und Tieren aus Elfenbein, Jagd- und Familienszenen oder solche aus dem gesellschaftlichen Leben der Menschen, die in Stosszähne und Knochen eingraviert werden, spiegeln die innere Welt der Bewohner des Hohen Nordens wieder.

114. Männerschuhe, Eskimos, Alaska, Walross- und Seehundhaut, Länge der Sohle: 27 cm, Höhe: 8,5 cm; Anfang des 20. Jh.

115. Kleiner Teppich, Alëuten, Alëutische Inseln, Innereien von Meeressäugern, Vogelflaum, Fell, Vogelhaut, Länge: 33 cm, Höhe: 28 cm, 1909-1910

116. Walrosshaut beim Trocknen
(Tschuktschen, Eskimos)

117. Fettlampe zur Beleuchtung und Heizung der Wohnung, Tschuktschen, Anadyr-Region, Stein, Durchmesser: 16 cm, Höhe: 7 cm, Anfang des 20 Jh.

118. Teppich, Eskimos, Tschukotische Halbinsel, Seehundhaut, Rentierfell, Pelz, Durchmesser: 95 cm, 1926

119. Kleine Skulptur "Bärenjagd", Walross-Stosszahn, Höhe 14 cm, Breite: 5,7 cm, 1906

120. Kleine Harke. Gerät für die Bearbeitung der Innereien der Meeressäuger. Walross-Stosszahn und Holz. Eskimos

121. Pfeil und Bogen für die Jagd auf Meeressäuger, Holz, Knochen, Sehnen, Vogelfedern, Ende des 19. Jh. / Anfang des 20 Jh.

122. Pfeil, Fragment, Alëuten, Nordost-Amerika, Holz, Knochen, Vogelfedern, Länge: 82,5 cm, Ende des 19. Jh. / Anfang des 20. Jh.

123. Männergürtel der Eskimos, Seehundpelz und –haut. Walross-Stosszahn

124. Arbeitskleidung für Männer, Eskimos, Alaska, Innerein von Meeressäugern, Seehundhaut, Schnäbel und Federn von Vögeln, Seehund-Haut, Länge der Kamejka: 105 cm, Länge der Sohlen: 31 cm, Höhe der Stiefel: 44 cm, Anfang des 20. Jh.

125. Gerben einer Seehundhaut,
Dorf Kelen, Tschuktschen, 1970

126. Meeressäuger-Jäger

127. Farbig verzierter Stosszahn (Vorderseite), Tschuktschen, Tschukotische Halbinsel, Länge: 57 cm, Breite 6 cm, 1930er Jahre

128. Henkel eines Eimers, Fragment, Alëuten, Alëutische Inseln, Walross-Stosszahn, Länge: 27 cm, Anfang des 20. Jh.

129. Kleine Skulptur "Silhouette einer nackten Frau", Koriaken, Kamtschatka. Walross-Stosszahn, Höhe: 5,3 cm, 1911

130. Kleine Skulptur, "Vor der Aufteilung des Walrossfleischs", Koriaken, Walross-Stosszahn, Durchmesser: 65,8 cm, Höhe: 3,8 cm, 1906

130. *Jukola* beim Trocknen (Kamtschatka)

Jagd und Fischerei: Die Kulturen am Amur und Jagdtechniken in der Taiga

Während die Jagd und die Fischerei für die meisten der in Sibirien lebenden Menschen eine Nebenbeschäftigung ist, stellt sie für eine bestimmte Anzahl von Völkern die Grundlage für Kultur und Lebensweise dar. Zu diesen Völkern gehören die Keten, die Selkupen, die Mansen, die Taiga-Jukagiren, die Choren, zahlreiche Gruppen der Evenken und der Chanten, die Völker des Amur wie die Nanai, die Ultschen, die Negidalen, die Oroks, die Orotschen, die Udegen und andere.

Die Kulturen am Amur

Die natürliche Grenze zwischen Russland und China ist der Amur. In diesem Fluss leben über hundert verschiedene Fischarten. Für die hier lebende Bevölkerung hat die Fischerei demzufolge von jeher eine übergeordnete Bedeutung. Die Lachsfischerei im Sommer und im Herbst und die Befischung der Stör- und Karpfenarten im Winter sichert die Versorgung der Ureinwohner auf praktisch jede nur erdenkliche Weise. Die Jagd spielt im Winter eher eine untergeordnete Rolle. Zur Zeit der Lachswanderung, wenn der Lachs aus dem Meer in die Amurmündung kommt, um sich flussaufwärts in die Laichgebiete zu begeben, veranstalten die Menschen grosse Fischerfeste, in deren Verlauf sie dank ihrer ausgefeilten Techniken reiche Fänge verzeichnen. Mit Hilfe grosser Steine werden natürliche Wehre und Becken errichtet. Hiermit werden die Lachse am Weiterziehen gehindert und in den Becken eingefangen(die Jäger bedienen sich hierbei des natürlichen Impulses der Lachse flussaufwärts zu schwimmen).
Ein zentrales Charakteristikum der Amurkulturen ist das Wissen um die verschiedenen Verwendungsmöglichkeiten von Fisch im Alltagsleben. Zunächst ist er ein Grundnahrungsmittel. Man isst ihn roh, gefroren, geräuchert, gekocht, fritiert und besonders getrocknet. Die Lachs- und Karpfenreserven, aus denen man für die Wintermonate Jukola herstellt, sind entscheidend für das Wohlergehen der Amurbewohner. Im Sommer, wenn das Jukola für den Winter zubereitet wird, wirken die Dörfer wie verwandelt: allerorten sieht man Gestelle, an denen geköpfte, gehäutete und filetierte Fische hängen. Die Ultschen kennen acht verschiedene Wörter, mit denen sie das Jukola benennen. Die Fischabfälle dienen als Futter für die Schlittenhunde. Neben dem Fisch ernähren sich die Menschen der Amurregion von Elch-, Bären-, Rentier- und Hundefleisch. Eine der von den Nanai zubereiteten Speisen ist das Magdan. Hierbei handelt es sich um gemahlenen, getrockneten Kaviar, vermengt mit Wasser oder Birkensaft. Im Hohen Norden bereiten die Taiga-Jukagiren eine ähnliche Speise zu: das Kulibacha – eine Mischung aus Heidelbeeren, frischem Kaviar und Fischtran.

132. Jäger mit Lanze vor seinem Tschum (Evenken)

133. Brustschmuck, Evenen, Jakutien, Kolyma-Region, gegerbte Haut, Glasperlen, Metall, Stoff, Rentiermähne, Länge: 112 cm, Breite: 64 cm, 1907

Die Häute der Lachse, Karpfen und Hechte werden von den Frauen weiterverarbeitet. Man geht dabei folgendermassen vor: die Häute werden einige Tage im Schatten getrocknet und anschliessend auf einer Holzunterlage geschmeidig geklopft werden. Danach werden sie um einen Absynthstab gewikkelt und leicht befeuchtet. Nach einigen Stunden werden die Häute ausgerollt und maximal gedehnt. Schliesslich werden sie zwei Wochen lang über dem Ofen aufgehängt, geräuchert und erst dann abgenommen, wenn sie einen leichten Gelbton annehmen.

Die Fischhäute werden für Sommerschuhe und –bekleidung verwendet.

Die Nanai und Ultschen tragen Westen und Hemden aus Fischhaut. Diese sind mit Ornamenten verziert und haben einen runden mandschurischen Kragen mit auf der rechten Seite befindlicher Knopfleiste. Die traditionelle Winterkopfbedeckung der Nanai besitzt eine konische Form (wie ein chinesischer Hut) und ist von Fell umsäumt. Man trägt diese Kopfbedeckung zusammen mit runden Ohrenschützern aus Fischhaut, die innen mit Fell und aussen mit Verzierungen versehen sind. Die Winterbekleidung aus Fischhaut wird gewöhnlich mit Baumwolleinlagen verstärkt. Auch Mäntel aus Hunde-, öfter jedoch aus Rentierfell werden hier hergestellt und getragen. Die Schuhe und Stiefel aus Fischhaut haben ein geringes Gewicht, sind wasserdicht und wärmeisolierend. Im Winter sorgt eine ergänzende Heueinlage für eine angenehme Fusswärme. Diese Technik wird von den Bewohnern der Amurregion, der Mandschurei und Nordchinas angewandt.

Fischhäute werden nicht nur bei der Anfertigung von Segeln für die aus Birkenrinde bestehenden Fischerboote, sondern auch zur "Verglasung" der Fenster in den Holzhäusern verwendet. Im Sommer wohnen die Fischer in Pfahlhäusern oder übernachten, wenn sie auf der Jagd oder zur Fischerei unterwegs sind, in konischen Zelten, die eigens für diesen Zweck vorgesehen sind.

Die Wasserverschmutzung und andere Veränderungen, die die Sowjetunion im Laufe ihrer Geschichte mit sich brachte, haben die so sehr von der Fischerei abhängigen Amur-Kulturen empfindlich erschüttert, was dazu geführt hat, dass einige Aspekte dieser Kulturen völlig verlorengegangen sind.

Jagdtechniken der Taiga

Seit Jahrtausenden gehören das Rentier und der Elch zu den wichtigsten Wildarten Sibiriens. Die von der Jagd auf Schalenwild lebenden Völker gehen einer nomadischen Lebensweise nach, die sich im Frühling und im Herbst nach dem Zugverhalten dieser Tiere richtet. Im Winter machen die Bewohner Sibiriens Jagd auf Pelztiere wie zum Beispiel Eichhörnchen, Zobel und andere. Die meisten der evenkischen Sagen und Mythen berichten von der Jagd auf das wilde Rentier, auf den Elch oder auf Vögel. Die Jagd auf die Pelztierarten findet keine Erwähnung, da sie erst nach dem Vormarsch der Russen und nach der Einführung des Jassak stärker betrieben wurde.

Die Jagd auf Schalenwild ist für die Evenen und Evenken die wichtigste Lebensgrundlage. Sie sichert Ernährung, Wohnkomfort, Kleidung und die Herstellung von Alltagsgegenständen. Im beginnenden Frühjahr ist die Jagd auf diese Tiere am intensivsten. Mit Skischuhen ausgestattet, stellen die Jäger dem Ren bis zu dessen völliger Erschöpfung nach. Doch gibt es auch andere Techniken wie zum Beispiel die Locktechnik. Dabei handelt es sich um ein speziell abgerichtetes Rentier, um dessen Geweih man ein Lederband befestigt. Kommt es zwischen dem dressierten und einem wilden männlichen Tier zum Gefecht, verheddert sich dessen Geweih in den Lederschnüren.

Die Jäger, die ihr eigenes Tier an einem langen Lederlasso halten, nutzen diesen Moment und erlegen das wilde Tier. In der Amur- und Baikalregion imitieren die Evenken den Ruf des männlichen Rentiers mit einer aus Birkenrinde geschnitzten Pfeife (Orevun)und locken die echten Rentiere zu ihrem vermeintlichen Rivalen herbei. Früher nutzten die Ureinwohner Sibiriens Lanzen und eiserne Äxte zur Jagd, doch haben die Russen mit ihren Gewehren die alten Jagdgeräte abgelöst.
Die meisten der Taigavölker bejagen die Pelztierarten, um das kostbare Fell zu verkaufen. Vom Herbst an profitieren sie von den an Eichhörnchen und Zobeln reichen Gebieten und dringen weit in die Taiga vor. Dabei ziehen die Nomaden mit ihren gesamten Familien und ihren Herden los. Andere, die keine Rentierherden besitzen, brechen in kleinen Gruppen von zwei bis drei Mann für den ganzen Winter auf und lassen Frau und Kind im Lager zurück. Sie bewegen sich auf etwa mannshohen, etwa zwei Zoll breiten und in der Regel aus Nadelhölzern gefertigten Skischuhen. Sie werden wegen des hier sehr tiefen Schnees zusätzlich mit einer Sohle aus Rentierfell versehen. Dabei benutzt man stets wie bei den Stiefeln die kleineren Fellstücke von den Hufen des Rentiers. Mit Hilfe einer Stange ziehen die Jäger ihre Ausrüstung auf einem Gespann hinter sich her.
Abgesehen vom Schalenwild und den Pelztieren, die überall in Sibirien bejagt werden, gibt es andere Tiere, die bei einigen Völkern unter dem Schutz der Geister stehen und für die Jagd tabu sind: der Adler, der Schwan, die Eule, der Storch, der Bär, der Wolf, der Tiger und einige andere.
Die Jagd auf den Bären ist wenig verbreitet, und geht man ihr doch nach, so unterliegt sie strengen Regeln. Denn die Erscheinung und die beinahe an die des Menschen reichende Intelligenz dieses Tieres ist Grund für Furcht und grossen Respekt. Sein Name darf nicht ausgesprochen werden. Stattdessen verwendet man verschiedene Umschreibungen wie zum Beispiel "der alte Mann der Wälder", der "Grossvater" oder den "Herr der Taiga". Der Bär steht bei verschiedenen Völkern wie den Nivchen, den Negidalen und den Chanten im Mittelpunkt eines weit entwickelten Kults.
Der Wolf, der demselben Wild nachstellt wie der Mensch, wird als ebenbürtiger Bewohner der Wildnis betrachtet und nur sehr selten gejagt. Die Evenken des Ostens nennen ihn "Sohn", den "Grauen" oder den "bösen Gevatter" und empfinden es als ein ernsthaftes Vergehen, Wolfswelpen zu töten. Im Winter erlegen die Tschuktschen den Wolf mit Hilfe eines schrecklichen Jagdinstruments: eine angespitzte Walbarte wird rund gebogen und mit einem Faden an den Enden zusammengebunden, anschliessend mit Wasser begossen, bis das Wasser gefriert und die Barte fixiert. Daraufhin nimmt man den Befestigungsfaden ab, begiesst die gebogene und gefrorene Barte mit Fett, bevor man sie auf dem Wildwechsel des Wolfes auslegt. Dieser verschlingt die Barte, sobald er sie gefunden hat. Durch die Wärme im Innern des Wolfsmagens taut das um die Barte herum befindliche Eis schnell auf und legt die spitzen, nun auseinanderschnellenden Enden auf, die nun die Magenwand durchbohren und den Wolf verenden lassen.
Traditionell sind Jagd und Fischerei Aufgabe der Männer, während sich die Frauen mit Hausarbeiten befassen. Sie unterhalten das Feuer, bauen das Tschum auf und ab, verarbeiten Felle und Häute, nähen die Kleidung und kümmern sich um die Erziehung der Kinder usw. Doch trifft man nicht selten auch Völker an, bei denen sich die Frauen ebenso wie die Männer an der Jagd beteiligen und hier dieselben Erfolge erzielen. Dies ist zum Beispiel bei den Jukagiren der Fall. Bei Ihnen geniessen einige alte Frauen aufgrund ihrer grossen Jagdkünste, mit denen sie in manchen Fällen sogar Bären erlegt haben, hohes Ansehen.

134. Jukagire in traditionellem Jagdkostüm (Ski mit Rentierfell-Sohle) vor einer Urasa

135. Heuernte (Zentral-Jakutien)

136. Für ihre Künste geschätzte alte jukagirische Erzählerin und und Jägerin.

137. Pferd mit Festtagsschmuck
(Jakutien)

Lebensweise der turko-mongolischen Züchtervölker

Als Bewohner der südsibirischen Steppen haben die Chakassen, die Altai, die Tuwinen und die Burjaten und weiter nördlich bis an den Rand der Tundra die Jakuten seit Jahrhunderten eine Kultur entwickelt, die auf der Zucht von Pferden und Hornvieh aufbaut. Diese turko-mongolischen Völker züchten in den Ebenen daneben auch Schafe und in den Bergregionen Rentiere, die sie als Last- und Reittiere nutzen. In den arktischen Regionen haben die Jakuten die Rentierzucht von den Evenken übernommen.
Ursprünglich waren diese Völker Nomaden, doch wurden sie zunächst teilweise und dann im Laufe des 20. Jahrhunderts ganz sesshaft. Einige von ihnen leben noch heute als Halbnomaden und "pendeln" zwischen den Winter- und Sommerweidegründen.
Die bei diesen Völkern übliche Behausung ist die für die Mongolen typische Jurte. Die mobilen Jurten bestehen aus schwerem Zeltstoff, die festen aus Holzblöcken. Hinsichtlich ihrer Form und des Materials sind sie von Region zu Region verschieden. Sie können rund, eckig, achteckig oder in anderen Grundformen gebaut sein. In der Mitte steht immer ein grosser, in die Erde eingelassener Pfahl, der auch als Rauchabzug dient. Bei den Burjaten weist der Eingang der Jurte in südliche Richtung, bei den Jakuten nach Osten. Im Sommer wird die Jurte in einigen Regionen durch ein einfaches Zelt ersetzt.
Diese Völker gehen im Sommer der im Schwarzerdegebiet nicht zu unterschätzenden Landwirtschaft und der Heuernte nach, die die notwendigen Vorräte für einen Teil des Hausviehs liefert. Im Winter lässt man Kühe und Pferde auf der Weide, wo sie ihre Nahrung selbständig unter der Schneedecke finden.

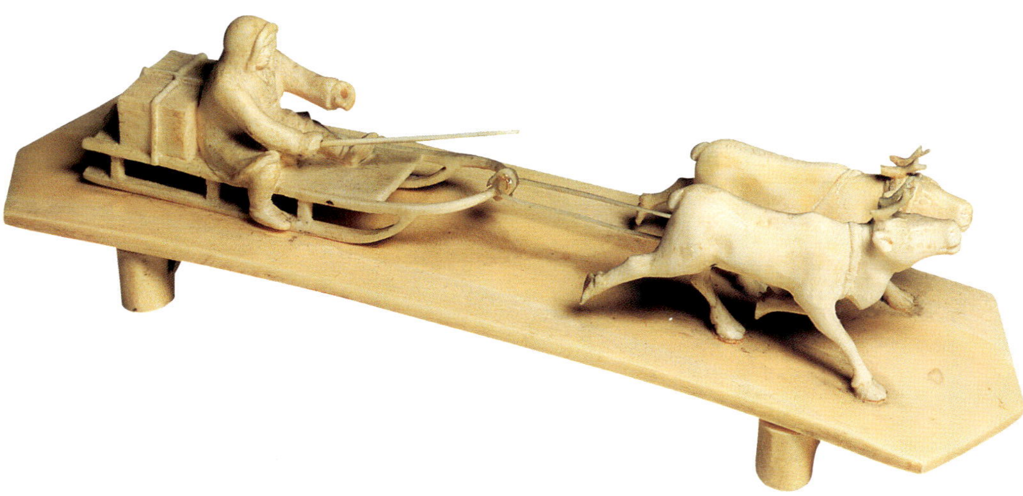

138. Skulptur "Eigentümer eines Rens auf seinem Gespann", Jakuten, Mammutknochen, Länge: 17 cm, Breite: 4,5 cm, Höhe: 5,5 cm, 1955

139. Jurte nomadischer Koriaken,
Ochotsker Gebiet, 1896-1897

140. Evenke auf dem Rücken eines Rentiers, Jenissej-Region, Anfang des 20. Jh.

Die besondere Anpassung der Kuh- und Pferderassen an die harten Lebensbedingungen des Hohen Nordens wurde durch die Jakuten erreicht. Die körperlichen Merkmale der jakutischen Pferderasse spiegelt diese Anpassung wieder: es ist stämmig und klein, besitzt ein dichtes und langes Fell und hält auf diese Weise sehr tiefe Temperaturen von bis zu –50° C aus. Mit seinen Hufen ist es in der Lage, auch bei gefrorenem Boden an Nahrung zu gelangen. Die Pferde nehmen bei den Jakuten eine zentrale Rolle ein. Einer Sage zufolge war das Pferd der erste Erdbewohner und der Vorfahre des Menschen. Das Pferd versorgte die Jakuten früher mit allen lebenswichtigen Dingen. Es lieferte Fleisch, Fell und Leder und diente als Lasttier. Später führten die Jakuten Rinder in die nördlichen Regionen Sibiriens ein. Sie sind heute die wichtigste Lebensgrundlage. Die Rinderrasse der Jakuten wurde über Jahrhunderte hinweg herangezüchtet. Heute ist sie vom Aussterben bedroht. Sie besitzt die gleichen Eigenschaften wie die von den Jakuten genutzten Pferderassen. Die Rinder sind klein, widerstandsfähig, haben ein dichtes Fell, produzieren wenig, jedoch im Vergleich zu anderen Rindern sehr nahrhafte Milch. Aufgrund der begrenzten Produktivität dieser Rassen wurde zu Sowjetzeiten beschlossen, andere Rinderarten einzuführen, so dass das jakutische Rind heute nach zahlreichen Kreuzungen beinahe völlig verschwunden ist.

141. Kleiner jakutischer Teppich (Pferdefell und Baumwolle)

Das halbnomadische Leben der turko-mongolischen Völker Sibiriens ist durch die Pferdeherden bedingt, die zwei Mal jährlich, im Frühling und im Herbst, in neue Weidegebiete getrieben werden müssen.
In Jakutien leben die Pferde in halbwilder Form.und werden an Festtagen mit besonderem Zaumzeug versehen. Das Schmuckwerk am Zaumzeug besteht aus einem mit ziselierten Silberplaketten geschmückten Sattel, aus einem Paar Bügeln, aus Zügeln und einer reichlich mit Ornamenten verzierten Satteldecke. Im Sommer ziehen die Pferde und Rinder frei in den grossen Weiten, die das traditionelle Siedlungsgebiet der Jakuten charakterisieren, umher. Hier liegt das Alas, eine wald- und seenreiche Ebene. Am Abend eines jeden Tages kehren die Kühe, einem Leittier folgend oder von berittenen Kuhhirten zusammengetrieben, in ihre Stallungen zurück.
Während die Kühe im Sommer im Freien weiden, werden sie im Winter in den Chotons, speziellen, an die tiefen Temperaturen angepassten Stallungen gehalten. Früher lagen Choton und Jurte zusammen, wodurch sich auch die ähnliche Bauweise erklärt.

142. Spielsachen in Form von Pferden, Jakuten, Jakutien, Holz, Länge: 1) 30cm, 2) 23 cm, Höhe 1) 15cm, 2) 22 cm, 1908-1910

143. Jakuten in traditionellen Kostümen mit Sense, Anfang des 20 Jh.

144. Frauensattel für die Heirat, Jakuten, Holz, Metall, Elchhaut, Pferdemähne, Stoff, Pferdefell, Perlen, Glasperlen,
Sitzfläche: Länge: 55 cm, Breite: 27 cm, Höhe: 34 cm;
Bügel: Länge: 19 cm;
Sitzflächenbezug: Länge: 93 cm, Breite: 69 cm;
Anfang des 20. Jahrhunderts
145. Tasche für die Heirat, Jakuten, Rentierfell, Perlen, Glasperlen, gegerbte Rentierhaut, Länge: 79 cm, Breite: 55-62 cm; 1909

So wie die jakutische Jurte (Balaghan), besteht auch das Choton aus einer Holzkonstruktion mit eingelassenen Wänden, einem mit Erde gedeckten Flachdach und mit Ton und Kuhmist verputzten Aussenwänden. Diese Bauweise schützt die Rinder im Winter vor Kälte, während die Dungplatten im Sommer abgenommen und verbrannt werden, um durch den Rauch die zahlreichen Stechmücken zu vertreiben. In Zentraljakutien haben die Dörfer trotz der Sowjetisierung ihren ursprünglichen Charakter beibehalten. Hier findet man die Chotons und die Ambars. Letztere sind Speicherkammern, die ebenfalls aus rechtwinkligen Holzkonstruktionen bestehen und ein mit Erde oder im Sommer mit pflanzlichen Baustoffen gedecktes Dach besitzen. Die Winterjurten und Sommerzelte (urasa) sind im Gegensatz dazu ganz durch die russischen Holzhäuser ersetzt worden. Sie sind nur noch in einigen Regionen Südsibiriens in Gebrauch.
Das aus der Rinderzucht gewonnene Fleisch und Milch sind die wichtigsten Grundnahrungsmittel der turko-mongolischen Völker. Fleisch- und Milchzubereitungen dominieren ihren Speiseplan, der besonders bei den Bewohnern der Baikal- und Lena-Region durch Fischspeisen ergänzt wird. Im Sommer kommen verschiedenes Wildbret und gesammelte Beeren und ähnliches hinzu. Das rituelle Getränk der Jakuten ist das Kumys. Dieses aus gegorener Stutenmilch gewonnene Getränk wird im Juni im Laufe des Sommerfestes, des Ysjach, in grossen Mengen aus hölzernen und besonders geformten Pokalen, den Ajach oder Tschoron, getrunken. Das Kuortschech, eine mit Heidelbeeren zubereitete Sahnespeise, gehört bei den Jakuten auf dem Lande zu den alltäglichen Mahlzeiten. Doch weitaus beliebter sind rohes gefrorenes Rindfleisch und Geflügel wie auch die Stroganina (gefrorener roher Fisch). Die Geschirr- und Haushaltsgegenstände sind zumeist aus Birkenholz oder Birkenrinde hergestellt.

146. Jakutisches Täschchen, Jakutsk, Stoff, gegerbte Haut, Glasperlen, Perlen, Metall, Länge: 62 cm, Breite: 51 cm; 1904

147. Frauen bereiten in der Jurte in der Nähe des Ofens das Essen zu. 1913

148. Kamtchak, 1896-1897

149. Jakutischer Stadtbewohner
neben einem Pferd (Jakutien); 1906

Die Trachten werden, wie auch in anderen Regionen Sibiriens, nur noch an besonderen Festtagen getragen. Bei den Jakuten ist die Frauentracht besonders prachtvoll gearbeitet. Sie besteht aus Murmeltier-, Biber- oder Zobelpelz, der mit roten oder grünen Stoffen oder aber chinesischer Seide benäht und mit Ornamenten, Perlen und Silberschmuck versehen ist. Zu diesem Kostüm, das früher von Mutter zu Tochter weitergegeben wurde, gehört ein Pelzhut mit einer Haube, die wiederum mit zahlreichen Silberperlen geschmückt ist. Aufwendig gearbeitete Ohrringe aus ziseliertem Silber und prächtige Brust- und Rückenschilde ergänzen das Ganze. Die Metall- und besonders die Silberverarbeitung ist in Jakutien eine sehr weit entwickelte und bis in unsere Tage weit verbreitete Kunst. Die jakutischen Frauen tragen auch heute noch die traditionellen Ringe, Kolliers und Ohrringe. Holzschnitzereien und seit dem 18. Jahrhundert auch Schnitzereien aus Mammut-Elfenbein gehören ebenfalls zur Volkskunst der Jakuten. Aus diesen Materialien hergestellte Ohrringe, Armreifen, Spangen, Schatullen, Figuren und andere Gegenstände bereichern die ansonsten von der Leder- und Pelzverarbeitung dominierte Volkskunst.
Neben diesen hauptsächlich materiellen Aspekten der Lebensweisen der Völker des Hohen Nordens kennen diese Völker auch zahlreiche Traditionen, Riten, Gebräuche, Regeln und Tabus. Diese sind Widerspiegelung einer besonderen Gedankenwelt und einer diesen Völkern eigenen Weltsicht.

150. *Serge (Ritueller Pfahl zum Anbinden der Pferde)*

151. Dunghaufen (rechts) und
Haufen menschlicher Exkremente
zur Zwischenlagerung auf den
Strassen eines Dorfes

152. *Ambar*

153. Tschoron – Pokale für Kumys, Jakuten, Holz,
Höhe: 1) 21 cm, 2) 56 cm;
Durchmesser: 1) 13 cm, 2) 21 cm;
1903, Ende des 19. Jh. / Anfang des 20. Jh.

154. Sieb zum Eingiessen des Kumys, Jakuten, Holz, Länge: 103 cm, Durchmesser des Krugs: 18 cm, Anfang des 20. Jh.

155. Jakuten bei Tisch, 1911

156. Jurte (traditionelle jakutische Winterbehausung)

157. Sommerzelt

158. Kumys-Geschirr, das während des Ysach-Festes benutzt wird, Jakuten, Holz, Metall, Höhe: 22 cm, Durchmesser: 32-33 cm, 1906

159. Platte für Gäste, Jakuten, Holz, Metall, Höhe: 23,5 cm, Durchmesser: 65 cm; 1909

160. Kasten zur Aufbewahrung von Schneidereigegenständen, Jakuten, Birkenrinde, Glasperlen, Pferdemähne, Holz, Haut, Höhe: 14cm, Durchmesser: 14-17 cm; 1908

161. Jakute in nationalem Kostüm beim Einschenken von Kumys während des Ysach-Festes, 1910

162. Das Ysach-Fest, Teil der Ausstellung "Die Völker Sibiriens, Ende des 19. und Anfang des 20. Jahrhunderts", Jakuten

163. Kästen, Jakuten, Holz, 1) Länge: 31cm, Breite: 11cm, Höhe: 7,5cm 2) Höhe: 17 cm, Durchmesser: 5 cm; Anfang des 20. Jh.

164. Kasten zur Aufbewahrung von Gegenständen aus Pelz und Silber, Jakuten, Birkenrinde, Glimmer, Papier, Pferdemähne, Haut, Höhe: 37 cm, Durchmesser am Boden: 57 cm, Durchmesser an der Öffnung: 48 cm, 1906

165. Lavramova, Schauspielerin in Festtagsgewand im Akha-Theater, Jakutsk

166. Jakutisches Armband

167. Fächer zum Verjagen und Töten von Stechmücken, Jakuten, Vielfrasspelz, Holz, Metall, Perlen, Haut, Länge: 50 cm, Länge des Griffes: 13 cm, 1908

168. Jakuten im traditionellen Festtagsgewand, Jakutien, 1906

169. Männergürtel, Jakuten, Metall, Haut, Länge: 126 cm, Breite: 7 cm, 1971

170. Teil eines Männergürtels, Jakuten, Metall, Haut, 1971

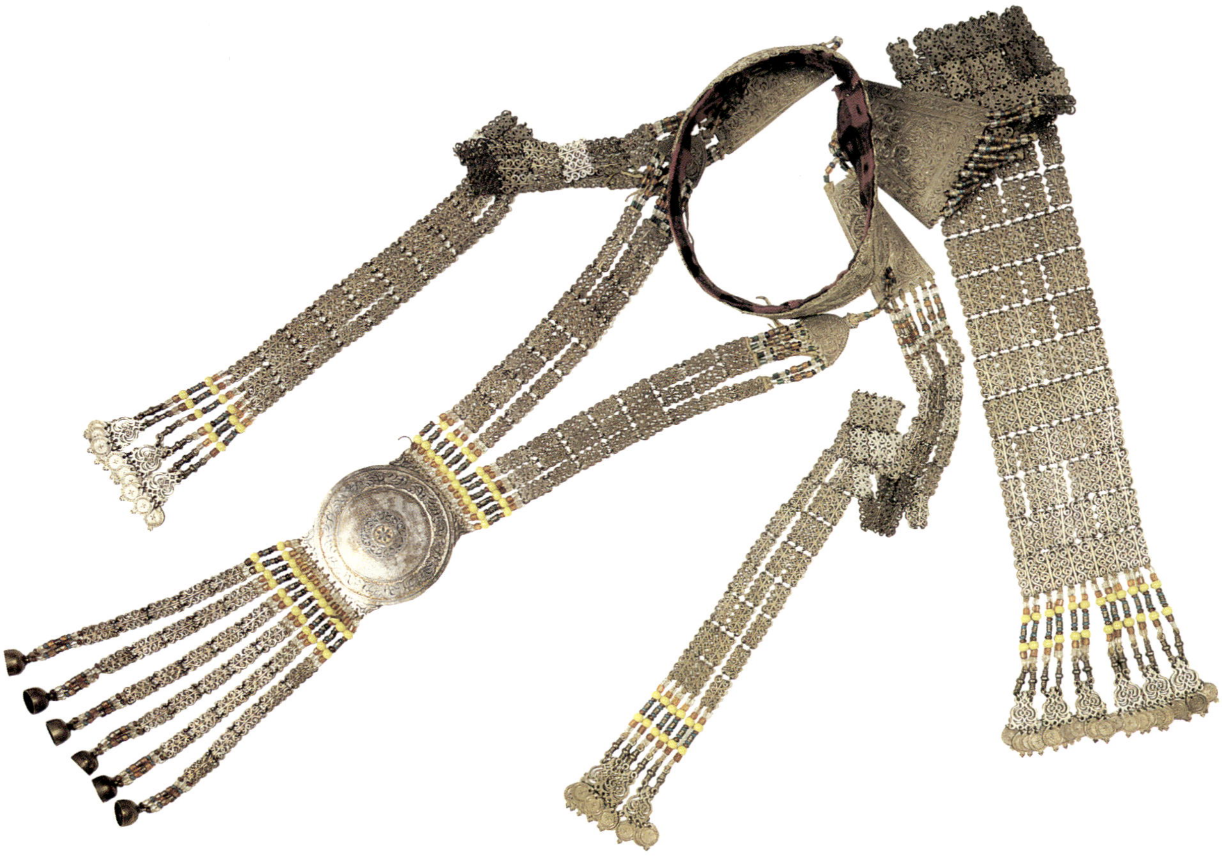

171. Frauen-Ohrringe, Männerring, Jakuten, Jakutsk, Metall, Länge der Ohrringe: 8,7 cm, Durchmesser des Rings: 2,2 cm, 1959

172. Kopfschmuck, Jakuten, Silber, Stoff, Perlen, Länge: 97 cm, 1903

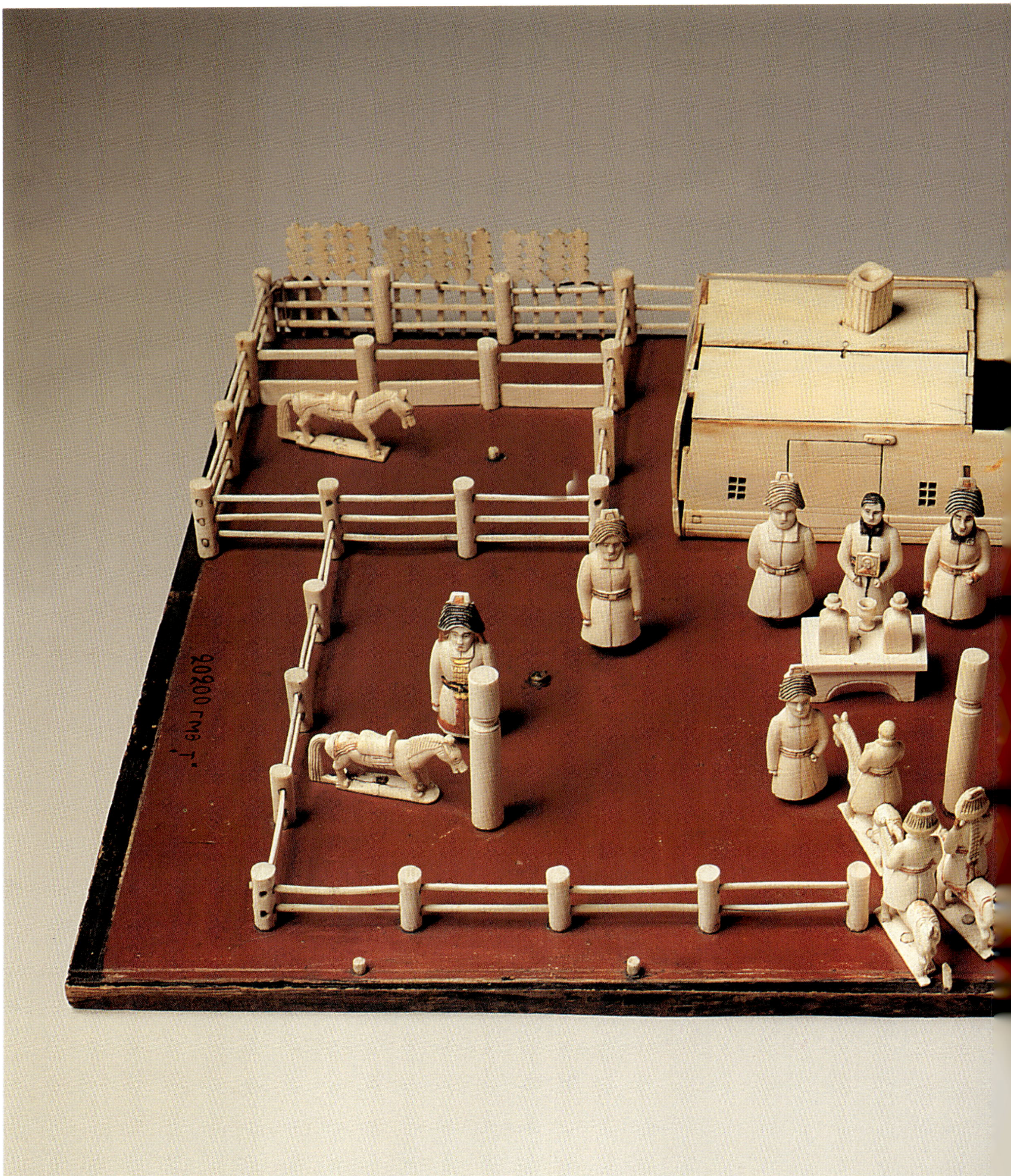

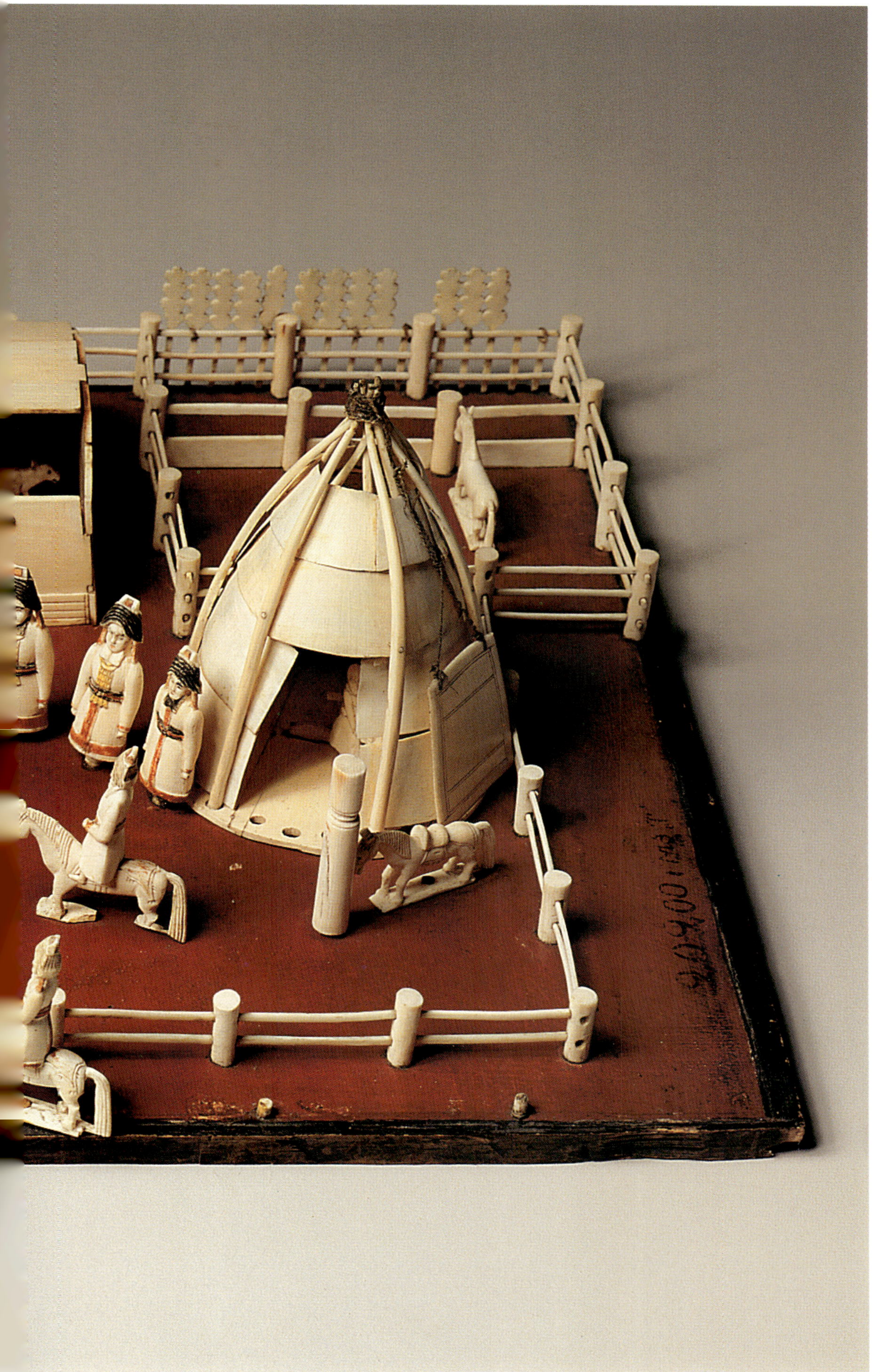

173. Modell eines jakutischen Hofs, Jakuten, Mammutknochen, Holz, Länge: 54 cm, Breite: 36 cm, Anfang des 20. Jh.

TRADITIONELLE GEDANKENWELTEN UND SCHAMANISMUS

Schöpfungsgeschichte und sibirische Mythen

Über Jahrtausende hinweg haben die sibirischen Völker eine reiche, einmalige und vielfältige spirituelle Kultur entwickelt und bewahrt, die auf einem ganzheitlichen Weltbild, auf animistischen, naturverbundenen und schamanistischen Mythen aufbaut. Die verschiedenen Welt- und Menschenbilder, die aus diesen Gesellschaften geboren wurden, haben eine Mannigfaltigkeit an Religionen, an Mythen und Festriten hervorgebracht, die einen beeindruckenden poetischen und symbolischen Reichtum besitzt. Die Ureinwohner Sibiriens haben eine dualistische, bipolare Vorstellung von Mensch und Universum. Jedes Element, ob aus der Natur oder aus Menschenhand stammend, wird als ein Ganzes gesehen, das aus zwei Teilen besteht, einem sichtbaren materiellen und konkreten sowie aus einem zweiten unsichtbaren, körperlosen, abstrakten Teil. Der Körper des Menschen und der Tiere ist somit nichts weiter als eine Hülle, die den eigentlichen "Wert" beherbergt, denjenigen Lebensquell, der von Fall zu Fall seitens der Ethnologen als "Seele", als "Lebenshauch" oder als "Lebenskraft" beschrieben wird. Was das Universum in der Vorstellung der sibirischen Ureinwohner angeht, so ist dieses aus einer bestimmten Anzahl übereinandergelagerter Schichten aufgebaut, wobei ihre Zahl von Mythologie zu Mythologie variiert. Vor allem ist dieses Universum bipolar, es unterscheidet zwischen zwei Welten, der sichtbaren Welt der Menschen, Tiere und Pflanzen und der unsichtbaren der Geister und Gottheiten.

174. Schamane mit Darstellungen seiner Geister, Jenissej-Gebiet, Evenken; Anfang des 20. Jh.

175. Zeremonie zum Empfang der aufgehenden Sonne im Morgengrauen als Einleitung des jakutischen traditionellen Ysahar-Festes

Die "Seelen"

In der Vorstellungswelt der sibirischen Ureinwohner besitzt der Mensch in einigen Fällen mehrere "Seelen" gleichzeitig. In den meisten sibirischen Kulturen trifft man Glaubensvorstellungen an, nach denen die menschliche Seele einen bestimmten Stellenwert einnimmt. So kann sich zum Beispiel die Seele vom Körper trennen, um eine Reise anzutreten, bei der sie manchmal in den Träumen erscheint, oder sie kann mit den Geistern in Kontakt treten, was zu Krankheiten oder sogar zum Tod führen kann. Dadurch kehrt sie in die natürlichen Sphären ihres Ursprungs oder erhält die Möglichkeit, in den Körper künftiger Menschen einzufahren. Die Nenzen sehen im Menschen einen "Seelenhauch" und einen "Schatten" (Sidiang), die den Tod des Menschen überleben. Die Nanai glauben, dass die Seele ihrer Kinder (Omija) in Form kleiner Vögel herbeigeflogen kommt, die sich vom Himmel herablassen, um sich auf dem Bauch der werdenden Mütter niederzulassen. Diese Seele verändert sich zusammen mit dem heranwachsenden Kind, reift zusammen mit dem Menschen und verlässt ihre fleischliche Hülle am siebten Tage nach dem Tod, um drei Jahre später in die Welt zurückzukehren. Nach den traditionellen Vorstellungen der Jakuten besitzt der Mensch drei Seelen: die Seele der Erde (Bour-Kout), die Seele der Luft (Salgyn-Kout) und die Seele der Mutter (Iie-Kout). Die Seele der Erde ist für die körperliche Gesundheit des Menschen zuständig, die Seele der Luft bestimmt das Zusammenleben mit der natürlichen und gesellschaftlichen Umwelt des Menschen und die Seele der Mutter bedingt das Bewusstsein und das Denken. Diese drei Seelen ergeben zusammen ein zusammenhängendes Ganzes, das als Lebenskraft (Kout-Sur) verstanden wird und für das Wohlergehen des Menschen zuständig ist.

176. Opferritual zu Ehren der Feuergeister (Evenen)

177. "Feuerzeug" mit dem Schutzgeist der Familie, Tschukotische Halbinsel, Höhe: 58 cm, Breite: 11 cm, 1896

Die drei Welten

In der Vorstellungswelt der sibirischen Urvölker setzt sich das Universum gewöhnlich aus drei Welten zusammen: aus der Oberwelt oder der himmlischen Welt, der Unterwelt und zwischen ihnen aus der mittleren Welt, der Erde, dem Bereich der Lebewesen.

Die Oberwelt

In der himmlischen Welt leben die höheren Geister, die Obergeister der natürlichen Elemente wie die Taiga, das Wasser, das Hornvieh, die Rentiere und andere und der kosmischen Elemente wie die Sonne, der Mond, die Sterne, die Winde. Hier leben auch die mächtigen Gottheiten, die die Schöpfung hervorgebracht haben und die sich in der Sagen- und Mythenwelt der Völker des Hohen Nordens in menschlicher Gestalt zeigen. Die Kulturen Sibiriens kennen eine Vielzahl an Schöpfungsmythen.

Schöpfungsgeschichten

Eines Tages stürzte ein aus der Oberwelt vertriebenes junges Mädchen mit dem einzigen Gut, was sie besass, einem Rentier, ins Meer. Um seine Reiterin vor dem Ertrinken zu retten, forderte das Ren das junge Mädchen auf, es als Opfer darzubringen. Das Mädchen gehorchte und tötete das Tier, das sich augenblicklich verwandelte. Aus der Haut entstand die Erde, aus dem Pelz entstanden die Wälder und aus Schädel und Knochen wurden Berge und Hügel. Aus dem letzten Atem des Rens entstand der Wind. (Mythos der Evenen)

Am Anfang war das Wasser. Zwei Brüder waren die Weltenschöpfer. Der Erstgeborene, die Verkörperung des Bösen, lebte in der Oberwelt, während sein jüngerer Bruder, Verkörperung des Guten, in der Unterwelt lebte. Eines Tages brachte der Gehilfe des jüngeren Bruders, der Haubentaucher, ein Stück Erde vom Meeresboden nach oben und schaffte es, dieses an der Wasseroberfläche zu halten.

178. Darstellung des Beschützers der Familie, Koriaken, Kamtschatka, Stein, Rentierfell, Vielfrassfell, Glasperlen, Perlen, Stoff, Höhe: 22 cm; 1904-1907

179. Das Lena-Delta

180. Amulett, Alëuten, Alëutische Inseln, Knochen, Glasperlen, Fell und Innereien von Meeressäugern, Sehnenfasern, Höhe: 12 cm, Ende des 19. Jh. / Anfang des 20. Jh.

181. Amulett, Alëuten, Alëutische Inseln, Knochen, Perlen, Sehnenfasern, Höhe: 7,4 cm, Ende des 19. Jh. / Anfang des 20 Jh.

182. Neo-traditioneller Bogen, der sich an den Sonnenkult der Taiga-Jukagiren anlehnt (Nelemnoe)

183. Der heilige Baum des Universums einer Familie

Beide Brüder begannen sogleich, dieses neue Stück Land auf jeweils eigene Weise zu bearbeiten. Der Erstgeborene formte unter anderem die die für den Menschen nicht geniessbaren Tiere, der jüngere Bruder hingegen schuf Tiere, deren Fleisch den Menschen bekommt. So kam es, dass der jüngere der beiden Brüder mit Hilfe des Haubentauchers der Meister über die Oberwelt wurde. (Mythos der Evenken)
Man sagt, dass die Erde einst nur von einer einzigen Person, von Apapel, dem Grossen Raben, dem wohlwollenden und ewigen Schöpfer, bewohnt war. Die Erde war genauso beschaffen, wie sie es heute ist, mit den gleichen Pflanzen, den gleichen Tieren, doch es gab keine Menschen. So beschloss Apapel, einige Tausend von ihnen zu schaffen. Innerhalb von hundert Jahren ergaben die aus Ton geformten Wesen einen so hohen Berg, dass der Schöpfer direkt den Himmel erreichen konnte. Er erklomm den Berg und blies auf die aus Ton geschaffenen Wesen und hauchte ihnen eine Seele ein. Aus denjenigen, die auf die Erde fielen, wurden Männer, aus denjenigen, die an den Ästen der Bäume hängenblieben, wurden Frauen. (Mythos der Tschuktschen)
Die Figur des Haubentauchers, der dem Schöpfer bei seinem Schnabel zur Hand geht, ist auch in den Mythen der Korjaken, der Itelmenen, der Tschuktschen und der Alëuten vertreten. Nach dem Mythos der Tschuktschen hat der Haubentaucher die Oberfläche der Erde geprägt, hat mit seinem Schnabel den Lauf der Flüsse und die Becken der Seen geformt, die Vögel erschaffen ebenso wie die Fische, die Meerestiere, den Bären, den Wolf und den Fuchs. In den Mythen der Itelmenen spielt der Haubentaucher Kuth eine vergleichbare Rolle: die Berge und die Täler sind seine Spuren, die er während seiner Reise auf einem Rentiergespann hinterliess. Die von Zeit zu Zeit am Himmel zu sehenden Lichtspiegelungen sind die Widerspiegelungen der bunten Farben, mit denen der Mantel des Haubentauchers verziert ist. Bei den Jakuten trägt der Schöpfer den Namen Urung Ajii Tojon. Er hat die Erde, die Luft, den Menschen und die Tiere erschaffen und ihnen die Fruchtbarkeit und die Fortpflanzung gegeben. Nach einem Mythos war die von Urung Ajii Tojon geschaffene Welt zu Beginn sehr schön und sehr glatt. Erst nachdem sie lange Zeit zerwühlt, zertrampelt, durchwühlt, mit einem Wort von den Dämonen (Abaasy) zerstört wurde, entstanden die Berge und Täler, die Lichtungen, die Seen und Flüsse.

184. Kleine Skulpturen "Schamane mit seinem Schutzgeist, dem Adler", "Schamane mit seinem Schutzgeist, einem Tier", 1) Koriaken, Primorje-Region Kamtschatka, 2) Walross-Stosszahn, Höhe: 1) 6,8 cm, 2) 7,8 cm, Ausmessungen des Sockels: 1) 4,5 cm x 3 cm 2) 3,8 cm; 1903

185. Amulett, Evenken, Jenissej-Gebiet, Holz, Baumwollgewebe, Glasperlen, Metall, Höhe: 17cm, 1910

186. *Ojbon,* Detail eines jakutischen Schamanenkostüms. Ojbon bezeichnet das ins Eis geschlagene Loch für das Winterfischen. Im Falle des Schamanen bezeichnet es die Öffnung, die zu passieren ist, um in die anderen Welten zu gelangen.

187. Altes Schamanengrab,
Jakutien, Jakuten, Anfang des 20 Jh.

188. Schamanenfrau mit einer Trommel, umgeben von Dorfbewohnern (Koriaken)

189. Schamanenkostüm, Manegren (Evenken), Ferner Osten Russlands, Elchhaut, Fell, Baumwollgewebe, Plastikknöpfe, Metall, Seehundfell, Stoff, Perlen, Glasperlen, Filz, Länge des Umhangs: 104 cm, Länge des Kragens: 57 cm, Breite des Kragens: 36 cm, Kopfschmuck: Höhe: 20 cm, Durchmesser: 21 cm, Ende des 19. Jh.

190. Schamanenkostüm, Manegren (Evenken), Ferner Osten Russlands, Elchhaut, Fell, Baumwollstoff, Plastikknöpfe, Metall, Seehundfell, Stoff, Perlen, Glasperlen, Filz, Länge des Umhangs: 104 cm, Länge des Kragens: 57 cm, Breite des Kragens: 36 cm, Kopfschmuck: Höhe: 20 cm, Durchmesser: 21 cm, Ende des 19. Jh.

191. Schamanenkostüm, Evenken, Becken der Unteren Tunguska, gegerbte Haut, Glasperlen, Metall, Bärenfell, Baumwollstoff, Länge des Umhangs: 96 cm, Länge des Brustschmucks: 73 cm, Breite des Brustschmucks: 17 cm, Anfang des 20. Jh.

192. Schamanenkostüm, Jakutien,
gegerbte Haut, Metall,
Länge: 82 cm, Ende des 19. Jh. /
Anfang des 20. Jh.

193. Einzelteile eines
Schamanenkostüms

Die Unterwelt

Die in der Erde gelegene Unterwelt ist das Reich der Toten und der Schatten, ist das Land, in dem die verschiedensten bösen Geister, Dämonen und mystische Ungeheuer umherziehen. Die sibirischen Völker stellen sich das Leben der Toten in der Unterwelt als völlig identisch, als sich in nichts vom Erdenleben unterscheidende Existenz vor. Die Evenken verstehen zum Beispiel das Leben in der Unterwelt traditionell als Fortsetzung derselben Zyklen und Vorgänge wie in ihrer eigenen Welt. Man lebt in Clans und Stämmen, wohnt in einem Tschum, geht den gleichen Gewohnheiten nach, geht zur Jagd, fischt. Die Toten unterscheiden sich von den Lebenden einzig dadurch, dass sie sich ausschliesslich von Heuschrecken ernähren und weder Körperwärme noch Atem noch Herzschlag aufweisen. Die Evenen stellen sich die Unterwelt als diametral umgekehrte Welt gegenüber der eigenen vor. Der Sommer der Lebenden ist der Winter der Toten, der Tag ist die Nacht. Die Jakuten stellen sich die Toten mit weissen Eisaugen vor, die ein Leben führen, das dem eigenen gleicht mit dem einzigen Unterschied, dass sie bei Nacht immer nur Halbmond und bei Tag immer nur Halbsonne haben.

194. Schamanen-Schuhwerk, Evenken, Lachshaut

195. Schamanentrommel, Evenken, Becken der Unteren Tunguska, Haut, Holz, Metall, Perlen, Höhe: 95 cm, Breite: 50 cm, Anfang des 20. Jh.

196. Ritual zu Ehren des Feuergeistes, Jakutien

197. Heiliger Schamanenbaum

198. Teil eines Schamanen-Tschums, Jenissej-Gebiet, Evenken, Anfang des 20. Jh.

199. Koriakin bei der Vorbereitung einer Stätte zum Empfang der Obergeister der domestizierten Rentiere anlässlich des traditionellen Herbstfestes der von Rentierzucht lebenden Koriaken

Die Mittlere Welt

Die in der Mitte gelegene Welt ist die Sphäre der Lebewesen – der Menschen, der Tiere, der Pflanzen. Dabei sind die Menschen hier nie allein, sondern sind stets von Geistern verschiedenster Natur umgeben, gute gehören genauso dazu wie die bösen. Die Ureinwohner Sibiriens leben in ständiger Furcht vor diesen Geistern. Sie sind davon überzeugt, dass Krankheiten, Hungersnöte, Epidemien und anderes Unglück aus Rache oder aus bösem Willen der Geister über die Menschen hereinbrechen. Und so bemühen sich die Menschen, die Geister nicht zu beleidigen oder ihren Gram durch falsches Verhalten hervorzurufen. Um sich gegen die negativen Einflüsse der Geister zu schützen, greifen die Menschen auf verschiedene magische und animistische Riten zurück – Formeln, Gebete, Rituale, Amulette, Symbole und Zeichen, die sie an ihrer Kleidung oder auf dem Körper tragen. Die Tschuktschen, Korjaken und die Eskimos schützen sich traditionell durch Amulette, die sie nie ablegen, vor dem bösen Einfluss der Geister. Je verletzbarer die Menschen sind, desto stärker versuchen sie, sich zu schützen. Nach den Glaubensvorstellungen der sibirischen Völker kann sich die Seele bei Gefahr in eine Glasperle zurückziehen. Schwangere Frauen, junge Mütter ebenso wie die Säuglinge sind mit schützenden Schmuckgegenständen behängt. Sie tragen Ohrringe, Ringe, Armreife, Perlenkolliers und andere Schmuckstücke. Um die Kinder zu beschützen ist es üblich, an ihrem Kragen oder am Ärmelbund eine kleine menschenförmige Figur aus Eichenrinde zu befestigen. Die Rentierzüchter tragen ebensolche Figuren an ihrem Gürtel, sobald sie das heimatliche Lager für längere Zeit verlassen. Auch kleine Steinchen mit ungewöhnlichen Formen, die in der Tundra oder an der Küste gesammelt werden, finden als Amulette Verwendung.

200. Tabakpfeife zum Rauchen bei öffentlichen Zusammenkünften, Tschuktschen, Anadyr-Region, Primorje-Gebiet, Holz, Rentierhorn, gegerbte Haut, Seehundhaut, Rentierfell, Metall, Länge: 87,5 cm, Ende des 19. Jh. / Anfang des 20. Jh.

201. Schlegel zu einer Schamanentrommel (Evenken), Holz, Bärenfell, Metall

202. Bitte um Wohlergehen während eines Rituals bei den rentierzüchtenden Tschuktschen

Die Obergeister

In der traditionellen Vorstellungswelt der Ureinwohner Sibiriens werden die unterschiedlichen Dinge der Welt – die Tiere, die verschiedenen von der Natur bestimmten Gebiete wie die Berge, die Taiga, die Tundra, die Seen, die Flüsse und andere, die natürlichen und kosmischen Elemente wie Feuer, Wasser, Wind und Sonne von den Obergeistern gesteuert, die von den Menschen tief verehrt werden. Für die sibirischen Ureinwohner haben sie menschliche Gestalt. So erscheint zum Beispiel der Obergeist des Feuers manchmal als alter Mann– nicht viel grösser als ein Daumen, in reich verzierte Kleider gehüllt, und kann, wenn er sich auf den Rücken eines Leittieres setzt, eine ganze Rentierherde in die Arme des Jägers treiben. Er ist immer zugegen, wenn ein Rentier geschlachtet wird und achtet auf die Einhaltung der rituellen Regeln. Wenn die Jäger die Verbote missachten, kann er sie dadurch bestrafen, dass er die Rentiere bei den nächsten Jagden von den Jägern wegtreibt. Bei den Jakuten hängt der Erfolg der Jagd vom Wohlwollen des Obergeistes der Wälder ab. Dieser Geist mit dem Namen Baai-Baianai ist gemäss der Vorstellung der Jakuten ein alter Mann von riesigem Wuchs mit heiterem Wesen.

Das traditionelle Leben der sibirischen Ureinwohner ist von sehr strengen Verhaltensregeln gegenüber den Geistern bestimmt. Verbote und Tabus sind zu beachten und die unbedingte und regelmässige Einhaltung verschiedener Riten, Sitten und Feste sollen ein harmonisches Zusammenleben zwischen

203. Kopfschmuck für Schwerkranke, Evenen, Anadyr-Region, gegerbte Haut, Rentierfell, Seehundfell, Breite: 31cm, Länge des Behangs: 35 cm, Gesamthöhe: 61 cm, 1910

204. Feuerzeug-Etui, Evenen, Küste des Ochotskischen Meeres, Haut, Perlen, Glasperlen, Stoff, Metall, Höhe: 12 cm, 1920er Jahre

den Menschen und den Geistern ermöglichen. Dieses Zusammenleben ist ungedingte Voraussetzung für das Wohlergehen der gesamten Gemeinschaft wie auch jedes Einzelnen...

Übergänge zwischen den verschiedenen Sphären des Universums

Die drei Welten stehen durch in den einzelnen Mythen variierende Übergänge in Verbindung.
In der Mythologie der Evenken sind die Drei Welten mit der Quelle des Flusses Engedik verbunden. Er ist ein mythischer Fluss, dessen zahlreiche Arme in die vier Himmelsrichtungen weisen. Jeder dieser Arme gehört einem evenkischen Clan. Dem Schamanen bleibt es vorbehalten, die Oberwelt zu erreichen; dafür ist es notwendig, dass er sich an seiner Quelle in den Engedik begibt, ihm flussabwärts bis zum Baum des Universums folgt, von dem aus man in die anderen Welten – die Ober- und Unterwelt – gelangen kann.
Diesen Baum des Universums findet man auch in anderen Mythologien. Die Jakuten verehren zum Beispiel bestimmte Bäume, denen sie den Namen Aal Kuduk Mas geben. Die Jakuten halten sie für denkende und sittlich empfindende Lebewesen, welche um das Wohlergehen der Bewohner der Mittleren Welt bemüht sind. Diese Bäume führen über ihre Wurzeln in die Unterwelt und über ihre weit in den Himmel reichenden Äste in die neun himmlischen Gefilde der Oberwelt. Jeder Clan und jede jakutische Familie besitzt traditionell einen heiligen Baum, den sie verehren und der sie mit den Verstorbenen verbindet. Meist handelt es sich dabei um einen Baum, der aussergewöhnliche Eigenschaften aufweist, wie zum Beispiel besonders hohen Wuchs oder einen mächtigen Stamm. Häufig steht er auch an einer ungewöhnlichen Stelle.
In der evenkischen Mythologie ist der Polarstern der Eingang von der Mittleren Welt in die Oberwelt, während die Schluchten, Krater, Höhlen und andere Öffnungen der Erde allesamt in die Unterwelt führen. Die Völker Nordostsibiriens glauben, dass der Übergang zwischen den drei Welten an einem Punkt unterhalb des Polarsterns liegt. In der Schöpfungsmythologie der Tschuktschen spielt der Polarstern eine besondere Rolle. Sie betrachten ihn als einen Nagel, an dem alle anderen Sterne des Firmaments befestigt sind. Wenn das Firmament den Zenit erreicht hat, öffnet sich unter dem Polarstern, der von allen Welten aus sichtbar ist, ein grosses Loch, durch das man von einer Welt in die andere gelangen kann.

Der Ursprung der Schamanen

Vor sehr langer Zeit war es auch für einfache Sterbliche möglich gewesen, die Übergänge zwischen den verschiedenen Niveaus des Universums zu durchlaufen, auch wenn diese Reisen für gewöhnliche Menschen sehr lang und anstrengend waren. Die Menschen waren jedoch ausserstande, mit den Bewohnern der anderen Welten zu kommunizieren, denn diese benutzten eine andere Sprache, konnten die Menschen nicht sehen, wurden krank, wenn sie mit ihnen in Kontakt kamen und sofort zurück auf die Erde geschickt. Und so kam es eines Tages, dass diese Reisen zwischen den Welten einer ausgewählten Kaste von Menschen vorbehalten waren, den Schamanen, geschulten Mittlern zwischen den Menschen und den Geistern. Gerade diese Menschen waren es, um die schliesslich eine der ältesten Religionen der Menschheitsgeschichte entstand: der Schamanismus.

205. Rituelle Maske, Koriaken, Kamtschatka, gegerbte Rentierhaut, Stoff, Walross-Stosszahn, Länge: 27 cm, Breite: 22 cm, 1911

206. Rituelle Maske, Koriaken, Kamtschatka, Holz, Sehnen, Länge: 30,7 cm, Breite: 16 cm, 1930er Jahre

207. Rituelle Maske, Koriaken, Kamtschatka, Holz, Baumwollfäden, Länge: 22,3 cm, Breite: 11,2 cm, 1930er Jahre

Schamanismus und Schamanen in Sibirien

Der Schamanismus ist eine sehr alte Religion, die auf einer vielseitigen Gesamtheit von Schöpfungsmythen und Mythen aufbaut, die von einer parallel existierenden Welt und einem Pantheon der Gottheiten handelt. Von einer abstrakteren Ebene betrachtet, geht es dabei um ein komplexes System aus verschiedenen Weltbildern und den daraus erwachsenden Reaktionen. Das Phänomen des Schamanismus erwächst aus der Persönlichkeit des Schamanen und seinen Handlungen.

Die gesellschaftliche Rolle des Schamanen

Der Begriff "Schamane" stammt aus der evenkischen Sprache und bezeichnet diejenige Gruppe von Menschen, deren Vorrecht und Pflicht es ist, zwischen den Menschen und den Geistern zu vermitteln. Tatsächlich sind einzig die Schamanen dazu in der Lage, nach Absolvierung eines speziellen Initiationsritus durch die verschiedenen Ebenen des Universums zu reisen und mit den Bewohnern der anderen Welten in Kontakt zu treten. Sie tun dies stets mit einem konkreten Ziel und auf Bitten der Gemeinschaft oder einer einzelnen Person. Meist ruft man den Schamanen, um bestimmte Probleme zu lösen, eine ungünstige Situation zu überwinden oder auch um eine segensreiche Zukunft zu bitten, in die Zukunft zu schauen, die Naturgewalten oder das Wetter zu beeinflussen.
Früher lösten die Schamanen Furcht und einen tiefen Respekt bei den Ureinwohnern Sibiriens aus. Ihre Autorität wurde dabei jedoch proportional am Erfolg ihrer Sitzungen gemessen, und sie genossen keine besonderen Privilegien. Während der Sowjetzeit waren sie massiven Repressalien ausgesetzt und sind dadurch selten geworden. In bestimmten Regionen zum Beispiel erinnern sich nur noch die Alten an sie..

Wie man Schamane wird

Das Geschlecht spielt für den Schamanen keine Rolle, zumal er sich bei der Ausübung seiner Tätigkeit nicht selten in die Verkleidung des anderen Geschlechts schlüpft. Zu Beginn der Entwicklung des Schamanismus muss das Prinzip bestanden haben, dass der Schamane das entgegengesetzte Geschlecht seines ihn schützenden Geistes haben musste. Die weiblichen Schamanen werden genauso geschätzt wie die männlichen, doch büssen sie ihre besonderen Fähigkeiten bei jeder Schwangerschaft und nach der Niederkunft für einige Jahre ein.
Die für einen Schamanen besonderen Fähigkeiten erhält er auf drei unterschiedliche Weisen: entweder durch Vererbung, durch freiwilliges Ersuchen oder durch Wahl.

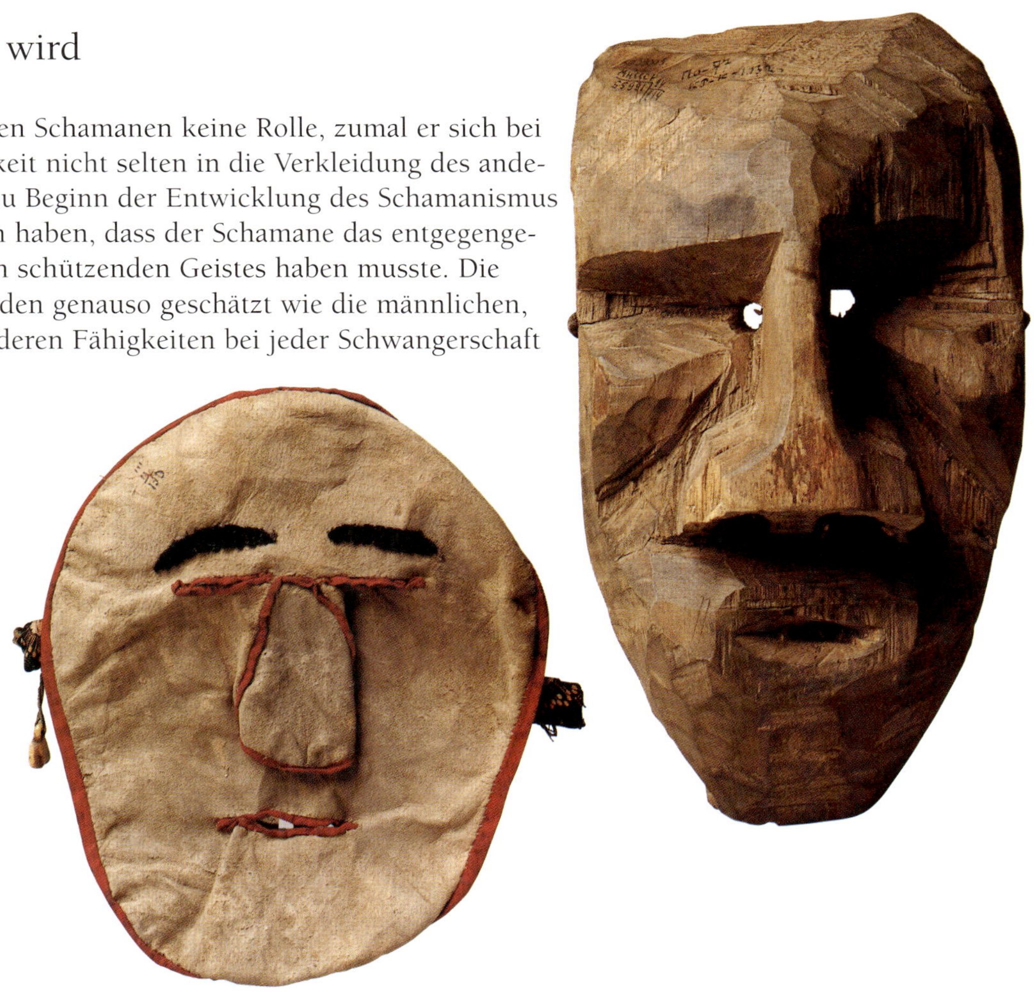

Bei den Nenzen wird das Vorhandensein eines gedehnten trommelförmigen Mals am Körper eines Neugeborenen häufig als Zeichen einer Vorbestimmung zum Schamanen gewertet. Die Wahl zum künftigen Schamanen hingegen geschieht in den meisten Fällen schon im heranwachsenden Alter. Empfindet jemand von sich aus den Wunsch, Schamane zu werden, geht er so lange konzentriert in sich, bis sich ihm sein Schutzgeist zu erkennen gibt. Ob er nun berufen wird oder ob er freiwillig Schamane wird, der erste Schritt hin zum Schamanentum besteht stets in einer Zeit der Einsiedelei. Der werdende Schamane zieht sich auf unbestimmte Zeit in die Wälder oder in ein Haus zurück. In dieser Zeit fastet und singt er oder durchläuft die Initationsprüfungen, die sein Schutzgeist für ihn vorgesehen hat. Hierzu gehören besonders körperliche und sexuelle Enthaltsamkeit.
Auf diese erste Phase des Rückzugs folgt die praktische Einführung des neuen Schamanen unter der Aufsicht eines erfahrenen Lehrers. Dabei kann es sich auch um einen Verwandten handeln. Der Neuling erfährt nun, welche Wege die verschiedenen Welten verbinden, lernt sie zu beschreiten und die Pfade kennen, auf denen die Geister wandeln und wie er mit ihnen kommunizieren kann. Nach dieser Einführungszeit unterzieht der Lehrer den jungen Schamanen schliesslich einer Schamanenweihe.

Die Ausrüstung der Schamanen

Der Schamane erhält nun zur Ausübung seines Amtes die dazu notwendige Ausstattung. Dazu gehört ein besonderes Kostüm, eine Trommel, ein Stock, verschiedene Amulette, kurzum, ein ganzes "Set" verschiedener Gegenstände, die zuvor von der gesamten Gemeinschaft unter strenger Beachtung der bestehenden Regeln angefertigt wurden. So dürfen die Kostüme bei den Evenken nur von Jungfrauen angefertigt werden, während ausschliesslich die männlichen Verwandten des Schamanen mit der Herstellung der verschiedenen Behänge für das Kostüm betraut werden. Die Anfertigung der Verzierungen der Trommeln ist Aufgabe der Frauen. Um seine Weihe abzuschliessen, muss der Schamane die von ihm benutzten Gegenstände durch einen besonderen Gesang beleben. In den Gesangstexten zählt er alle Glaubensvorstellungen und Kenntnisse um diejenigen Tiere auf, aus denen seine Trommel gefertigt wurde. Die Wichtigkeit dieses letzten Rituals rührt daher, dass der Schamane seine Fähigkeiten erst anwenden kann, wenn er tatsächlich auch im Besitz seiner Ausrüstungsgegenstände ist. Erst wenn er sein Kostüm angelegt, sich mit seiner Trommel und seinem Stock ausgestattet hat, erlangt er diejenigen Kräfte, die für die Kontaktaufnahme mit den Geistern vonnöten ist. Die wichtigsten Schutzgeister unter ihnen verleihen ihm schliesslich die Fähigkeit, zwischen den verschiedenen Welten zu reisen.

Das Schamanenkostüm

Das Schamanenkostüm unterscheidet sich von der gewöhnlichen Kleidung durch seinen besonderen Schnitt und durch die Verzierungen und Ornamente, die den Schamanen mit seinen Schutzgeistern verbinden. Das Kostüm ist mit astralen, tierischen und menschenähnlichen Ornamenten verziert, die nach einer den Aufbau des Universums und die Zusammenhänge zwischen den verschiedenen Schöpfungselementen widerspiegelnden Logik aufgebaut sind. Ist der Schutzgeist des Schamanen ein Tier, zum Beispiel ein Vogel, so wird das Kostüm mit verschiedenen Behängen versehen, die diesen Vogel repräsentieren – mit seinen Federn, den Flügeln oder den Krallen. Neben den Schutzgeistern trägt das Kostüm ausserdem noch Abbildungen der Sonne, des Mondes, des Baums des Universums, der Obergeister und in einigen Fällen auch des Schamanen selbst.

208. Koriakin, Dach eines Jarange, Abschluss des traditionellen Herbstfestes der rentierzüchtenden Koriaken

209. Teil des Inneren eines Jarange, Tschuktschen, Tschukotka, 1970

Die verschiedenen Verzierungsgegenstände des Schamanenkostüms bestehen aus unterschiedlichen Materialien, wie zum Beispiel aus Metall, Knochen, Stoffen, Leder oder Fell. Auf diese Weise über und über mit Verzierungen versehen, erreicht das Schamanenkostüm ein beachtliches Gewicht. Daher benötigt der Schamane in der Regel Gehilfen - häufig nahestehende Verwandte, die ihm bei seiner Tätigkeit zur Hand gehen. Die Ausstattungsgegenstände des Schamanen unterscheiden sich von Region zu Region, von Volk zu Volk. Die Verwendung der Materialien wie auch die Herstellungstechniken können sich hier quantitativ wie auch hinsichtlich der zu beachtenden Regeln unterscheiden. Die Trommel hat bei den Schamanenritualen der Tschuktschen, die - von einigen Ausnahmen abgesehen – auch ohne Kostüm durchgeführt werden können, eine zentrale Bedeutung. Bei den Evenken hingegen sind das Kostüm und die zahlreichen Verzierungen ausschlaggebend.

Die Trommel des Schamanen

Die Trommel und der Stock des Schamanen spielen bei den Ritualen eine wichtige Rolle. Genauso wie das Kostüm sind diese Gegenstände ein Abbild der kosmischen Welt und drücken die Verbindung zu den Schutzgeistern aus. Bei vielen sibirischen Völkern findet man auf dem Stock des Schamanen tierähnliche Abbildungen (Zeichnungen, Bemalungen, Schnitzereien, Gravuren) der Schutzgeister. Der Stock findet oft als seherisches Hilfsmittel Verwendung.

Gründe für die Anrufung des Schamanen

Die Tatsache, dass der Schamane von den Menschen angerufen wird, ist darauf zurückzuführen, dass die verschiedensten Phänomene des alltäglichen Lebens von jeher interpretiert werden. So sind zum Beispiel die Fruchtbarkeit der Menschen und die Fortpflanzung der Tiere Gaben der wichtigsten Geister, die den Lebewesen ihre Seelen, ihre Fruchtbarkeit und Fortpflanzungsfähigkeit geben. Der Tod ist für die Seele ein Abschnitt, nach dem sie ihr weiteres Leben in der Unterwelt fortsetzen muss. Krankheiten entstehen dann, wenn ein böser Geist in den Körper eines Menschen eingefahren ist, schwere Krankheiten sogar, wenn ein solcher Geist die Seele des betreffenden Menschen entführt hat. Einige der sibirischen Völker bringen auftretende Kinderkrankheiten damit in Verbindung, dass der Geist des Feuers sich für ein bestimmtes Vergehen durch ein Familienmitglied rächt. Im Zusammenhang mit dem Gebrauch des Feuers bestehen zahlreiche Verbote. So ist es zum Beispiel nicht erlaubt, Wasser auf das Feuer zu giessen oder verletzende Gegenstände hineinzuwerfen.

Die besondere Sorge darum, die Geister nicht zu beleidigen und ein nach Möglichkeit "fehlerfreies" Leben zu führen, war bei den sibirischen Völkern früher Ursache für eine starke Anspannung, und so traten bei ihnen häufig nervöse Erkrankungen auf, die der Schamane zu heilen hatte. Diese Spannungszustände führten manchmal und besonders häufig im Nordosten Sibiriens zu Selbstmorden.

Die Ureinwohner Sibiriens betrachten jegliches Unglück als Folge eines missgünstigen Verhaltens von seiten der Geister oder aber als über die Menschen verhängte Strafe, wenn diese ihre Aufgaben und Pflichten nicht ausreichend erfüllt hatten. Bevor der Schamane angerufen wird, besteht somit stets eine unterschiedlich geartete unvorteilhafte Situation. Sie kann die ganze Gemeinschaft betreffen, wie zum Beispiel bei Hungersnöten, Epidemien oder Stürmen oder aber auch ein einzelnes Mitglied der Gemeinschaft, wie zum Beispiel im Falle von Krankheit, Unfruchtbarkeit oder bei ausbleibendem Erfolg bei der Jagd.

210. Tabaksbeutel, Evenken, Jenissey-Gebiet, Stoff, Glasperlen, Perlen, Haut, Höhe: 25 cm, Breite: 13 cm, 1913

Voraussetzungen für die Anrufung des Schamanen

Die Anrufung des Schamanen setzt bei den Völkern Sibiriens die strenge Einhaltung bestimmter Regeln voraus. So dürfen die Gegenstände des Schamanen zum Beispiel nicht berührt werden. Ausgenommen hiervon ist der "Familienschamanismus", wenn ein Familienmitglied die Rolle des Schamanen übernimmt. In einigen Regionen schicken die Menschen ein Reittier (ein Rentier oder ein Pferd) zum Schamanen hin und übermitteln ihm mit rituellen Formeln ihre Anfrage. Bei den Keten tritt derjenige, der die Hilfe eines Schamanen benötigt, in dessen Behausung ein und bringt wortlos ein weisses Stück Stoff an die dem Eingang gegenüber liegende Wand an. Wenn der Schamane an diesem Tag nichts für den Bittsteller tun kann, nimmt er den Stoff von der Wand und gibt es ohne weitere Erklärung wieder zurück.

Sitzungsorte der Schamanen

Die Sitzungen der Schamanen finden an verschiedenen Orten statt. Hierzu dienen offene und geschlossene Räume, gewöhnliche Wohnräume (zum Beispiel in Krankheitsfällen) oder die Behausung des Schamanen selbst. In freier Wildnis wählt der Schamane stets einen Ort aus, der das Zusammenlaufen der drei Welten symbolisiert (einen Fluss oder Baum). Wie der Ort auch beschaffen sein mag, der für die Abhaltung einer Schamanensitzung ausersehen wurde, er wird immer derart hergerichtet, dass er die wichtigsten Charakteristika des Kosmos nach den Vorstellungen des Schamanen widerspiegelt. Das Tschum oder die Jurte des Schamanen ist stets grösser als die der anderen. Der Eingang ist normalerweise gen Osten ausgerichtet. In der Mitte der Behausung dient ein meist junger Birkenstamm als symbolische Verbindung zwischen den drei Welten. Er steht in der Mitte der Behausung und ragt durch das Dach hindurch. Diese Verbindungsachse zum Universum ist mit zahlreichen Schnitzereien versehen, die die verschiedenen höheren Ebenen der Welt symbolisieren. Bei den Alëuten gibt die Anzahl der eingekerbten Verzierungen die Anzahl der Ebenen an, die der Schamane zu durchkreuzen hat, ehe er diejenige Ebene erreicht, in der derjenige Geist lebt, an den sich der Schamane wendet.

Grundprinzipien einer Schamanensitzung

Im Mittelpunkt einer jeden Schamanensitzung befindet sich unweigerlich ein Gegenstand, der mit bestimmten "Werten" in Verbindung steht. Dies können die "Seelen", die "Kräfte", die "Fruchtbarkeit", das "Glück" oder auch andere Werte sein.

211. Ritueller Löffel und Kelle, Eskimos, Tschukotische Halbinsel, Walross-Stosszahn, Länge des Löffels: 12,7 cm, Länge der Kelle: 10,3 cm, Höhe der Kelle: 2,2 cm

212. Koriakin bei der Zubereitung des Fleisches eines geopferten Rentieres

Auf Anfrage der anderen Gemeinschaftsmitglieder bereitet der Schamane eine Sitzung vor, in deren Verlauf er – ausgestattet mit allen notwendigen Gegenständen – entweder all diejenigen Werte in der Welt der Geister sucht, über die die Anfragenden Auskunft wünschen oder aber bestimmte Werte aus der mittleren Welt der Menschen in die obere Welt der Geister verbannt. Eine Schamanensitzung verfolgt stets das Ziel, zwischen den Menschen und den Geistern ein Gleichgewicht zu erreichen, das auf irgendeine Weise gestört wurde, und zwar durch die willkürliche oder unwillkürliche Verlagerung von Werten aus der Welt der Menschen in die Welt der Geister oder umgekehrt.

Ablauf einer Schamanensitzung

Um die verschiedenen Etappen seiner Reise, sein Zwiegespräch mit den Geistern und die Resultate der Verhandlungen mit diesen zu symbolisieren, stehen dem Schamanen verschiedene Ausdrucksmittel zur Verfügung: Trommelschlag, Gesang und Lautimitationen, Bauchrednerei, Körperbewegungen, Tanz, Trance, Sprünge, Pantomime, imitierte Läufe im Galopp oder Flüge und viele mehr. Aufgabe der Gehilfen des Schamanen ist es, diese Zeichen zu verstehen oder wenigstens zu deuten.
Jede Schamanensitzung beginnt mit der Anrufung der Schutzgeister des Schamanen. Unter Trommelschlag und Gesang ruft der Schamane die Namen der Geister und nennt die Gründe, die ihn dazu bewegen, die Geister zu rufen. Die Schutzgeister müssen sich nun des Körpers des Schamanen und all seiner Ausstattungsgegenstände bemächtigen. Dies ist ein Abschnitt der Schamanensitzung, der sich gewöhnlich durch plötzliche Sprünge, konvulsivische Bewegungen und wiederholte Trommelschläge äussert.
Hat der Schamane nun die Geister gerufen und ihnen den Grund für die Anrufung genannt, beginnt er seine Reise durch die verschiedenen Ebenen des Universums. Alle Abschnitte seiner Reise werden durch Gesänge, Mimik und Rhythmen beschrieben. Hat er den Geist oder die Gottheit gefunden, zeigt er sich ihm, bringt sein Anliegen vor und tritt mit ihm in Verhandlungen, zu denen die Beiwohnenden durchaus herangezogen werden können.

213. Frau reinigt die Knochen eines geopferten Rentieres während des traditionellen Festes der rentierzüchtenden Koriaken

214. Kleine Skulptur "Das Abschlagen eines Rentierkopfs", Koriaken, Kamtschatka, Walross-Stosszahn, Länge: 6 cm, Höhe: 6,5 cm, 1911

215. Jakutische Kalender, Holz,
1) Durchmesser: 6 cm
2) Länge: 15,2 cm, Breite: 11,5 cm, 1906

216. Zubereitung eines Kuhkopfes
(Zentraljakutien)

217. Ritual zu Ehren der Wassergeister (Evenen) während des Sommerfestes der kleinen Völker des Nordens (Jakutsk)

Der angerufene Geist, der sich durch die Worte des Schamanen äussert, kann nun von den Menschen seinen Tribut in Form von Gaben und Opfern fordern oder aber die Bitte der Menschen ausschlagen.
Schliesslich kehrt der Schamane mit oder ohne den mit auf die Reise genommenen "Wert" auf die Erde zurück. Er verkündet den Menschen das Ergebnis seiner Verhandlungen, sagt voraus, wie sich die Dinge, derentwegen er sich an die Geister gewandt hat, weiter entwickeln oder lösen werden. Sofern er kann, übergibt der Schamane den Menschen die erhaltenen "Werte". Die Schamanensitzung endet mit der Freilassung der Schutzgeister.
Nach diesen allgemeinen Grundsätzen baut sich eine Schamanensitzung auf. Andere Bestandteile einer solchen Sitzung variieren mehr oder weniger. Ausschlaggebend hierfür sind zum Beispiel die bei dem Ritual angerufenen Geister (z.B. ein Obergeist, der imstande ist, die Bitte der Menschen zu erfüllen), die "Werte", die von den Menschen begehrt und vom Schamanen gesucht werden oder aber der Tribut, den der Geist im Gegenzug für die Erfüllung einer Bitte fordert.

218. Zeremonie zum Empfang der aufgehenden Sonne im Morgengrauen als Eröffnung des traditionellen jakutischen Ysach-Festes

219. Osuchai-Tanz (jakutisches Ysach-Fest)

Schamanensitzungen für Kranke

Erkrankt ein Mitglied der Gemeinschaft, so wenden sich die Angehörigen mit der Bitte an den Schamanen, die für die Krankheit zuständigen Geister anzurufen. Meist geht es hierbei darum, einen Geist auszutreiben, der in den Körper des Erkrankten gefahren ist. Die Techniken, die bei der Vertreibung des Bösen angewandt werden, sind zahlreich. Der Schamane kann, sobald er den Geist und damit die Ursache für die Krankheit im Körper des Kranken festgestellt hat, den Geist mit dem Mund oder mit Hilfe eines Rohres, das zum Beispiel aus einem Knochen bestehen kann, anblasen. Durch Rühren der Trommeln kann er ihn dazu bewegen, vom Körper des Patienten abzulassen oder er kann ihn durch den Duft verschiedener Nahrungsmittel locken. Sobald der Geist aus dem Körper gewichen ist, wird er in ein eigens hierfür gefertigtes Gefäss gesperrt. Es kann sich hierbei um ein Kästchen, ein Püppchen, einen Topf oder andere Gefässe handeln. Dieses Gefäss wird nach den Anweisungen des Schamanen bis zur völligen Gesundung des Kranken aufbewahrt.
Bei ernsthaften Erkrankungen muss der Schamane losziehen, um in den verschiedenen Welten nach der von einem Geist entführten Seele zu fahnden und sie in den Körper des Kranken zurückzuführen. Dabei können diese Rückführungsrituale ebenfalls sehr unterschiedlich aussehen. Die Seele kann durch einen lauten Trommelschlag in den Kopf des Kranken zurückgebracht werden, sie durch das Ohr oder durch den Mund zurück in den Körper einhauchen oder sie in bestimmten, dem Kranken gewidmeten Behältnissen oder Gegenständen aufbewahren. Hierzu dienen kleine Figuren, unterschiedliche Gegenstände geringer Grösse, Kieselsteine und Insekten.

Rolle des Schamanen bei Beisetzungen

Bei den Völkern des Hohen Nordens ist die Beisetzung eines verstorbenen Gemeinschaftsmitglieds mit einer Reihe verschiedener Rituale verbunden, die den Zweck haben, die Seele des Toten auf ihrer Reise in die Unterwelt zu geleiten. Manchmal werden diese Rituale vom Schamanen selbst, manchmal aber auch von einem Familienmitglied des Verstorbenen durchgeführt. Häufig wird die Seele des Verstorbenen zunächst in einem speziellen Gefäss für einige Zeit aufbewahrt. Diese Zeit kann einige Minuten bis zu mehreren Jahren betragen. Bei den Evenken zum Beispiel nimmt der Schamane die Seele in Empfang und gibt sie in eine kleine, aus modrigem Holz geschnitzte Figurine, reicht ihr Nahrung und Tabak und begleitet sie sodann, ohne weitere Zeit zu warten, ins Reich der Toten. Bei den Nanai wird die Seele des Verstorbenen am siebten Tag nach dessen Tod vom Schamanen in ein gepolstertes Behältnis gehaucht und für einen Zeitraum von drei Jahren darin aufbewahrt. Nach Ablauf dieser Zeit begleitet sie der Schamane endgültig in die Unterwelt.

220. Kampf bei den Tschuktschen während eines Festes

221. Männer-Festtagshose von vorn betrachtet, Koriaken, Kamtschatka, Seehundfell und daraus gewonnene Fäden, Erlenrinde, Rentiermähne, Seehundhaut, Läng: 101 cm, Breite des Gürtels: 48 cm, 1909-1911

222. Männer-Festtagshose, von hinten betrachtet, Koriaken, Kamtschatka, Seehundfell und daraus gewonnene Fäden, Erlenrinde, Rentiermähne, Seehundhaut, Läng: 101 cm, Breite des Gürtels: 48 cm, 1909-1911

223. Luftsarg (Jakuten)
Anfang des 20 Jh.

224. Grab der Vorfahren (Evenken)
Anfang des 20 Jh.

Bitte um Fruchtbarkeit

Geschieht eine Anrufung der Geister im Zusammenhang mit der Fruchtbarkeit einer Frau, so bereitet der Schamane eine Sitzung vor, in deren Verlauf er sich in das Reich der Seelen, das einige Ebenen unter der Oberwelt liegt, begibt. Die Seelen leben hier als kleine Vögel, die von Ast zu Ast fliegen. Ohne bemerkt zu werden, zieht der Schamane einen dieser Vögel in seinen Bann und bringt ihn so schnell wie möglich zur Erde zurück. Nach seiner Rückkehr legt der Schamane die Seele in die Mitte einer weissen Stoffbahn, die von zwei Mädchen und zwei Knaben an den vier Zipfeln gespannt wird. Die Kinder legen den Stoff so schnell wie möglich zusammen, um zu vermeiden, dass die darin befindliche Seele daraus entflieht. Die so in Stoff eingeschlagene Seele wird in ein Kästchen gelegt, woraufhin der Schamane den Eltern die baldige Schwangerschaft vorhersagt. Bei den Altai wenden sich Paare, bei denen der Frau mehrmals Totgeburten widerfahren sind oder bei denen die Kinder wiederholt früh starben, an den Schamanen und bitten ihn, sich bei den Geistern für sie einzusetzen, damit die kommenden Kinder kräftig werden und überleben. Dazu muss der Schamane den Geistern die üblicherweise im Hause der Eltern vergrabene Nachgeburt der erfolglosen Geburt überbringen und dafür von den Geistern eine Plazenta von Eltern gesunder und kräftiger Kinder erhalten. Diese "neuen" Plazentas nehmen sodann den Platz der "alten" im Hause des betreffenden Paares ein.

Bitte um Wohlergehen

Die Gemeinschaft wendet sich auch an den Schamanen, wenn es darum geht, in Zukunft mehr Glück bei Jagd und Fischerei zu haben oder eine bessere Fortpflanzung bei den Viehherden zu erreichen. Der Schamane greift dabei folgendermassen ein: er sucht und findet die zuständigen Geister und fordert von ihnen die Freigabe der "Kräfte" oder "Seelen", die von den Menschen benötigt werden, bringt diese zur Erde zurück, um sie in der freien Wildnis an geeigneten Plätzen auszusetzen, womit er die so sehnlich erwartete Erneuerung der Natur symbolisiert. Der Schamane kann zum Beispiel auf diese Weise Fellbüschel des von der Gemeinschaft bejagten Wildes im Wald verteilen oder Fischschuppen in die Flüsse und Seen werfen.

225. Schlegel zum Verjagen der Sünden aus dem Körper des Verstorbenen, Koriaken, Kamtschatka, Mufflonhorn, Länge: 43,5 cm, Breite: 5,5 cm, 1956

226. Gräber in der Taiga (Jakutien)

FESTRITEN

Das traditionelle Leben der Völker des Hohen Nordens kennt bestimmte Festriten, die mit den Zyklen des wirtschaftlichen, gesellschaftlichen und familiären Lebens verbunden sind und deren Zusammenhänge das Verhalten des Einzelnen in der Gemeinschaft, die Beziehungen zwischen den Gruppen, die Herstellung bestimmter Güter und viele weitere Faktoren dieser Art bestimmen. Diese Ordnung aus Riten und Festen hat es stets erlaubt, die kulturellen und traditionellen Gebräuche von Generation zu Generation weiterzugeben, doch hat das Sowjetsystem diese Ordnung merklich erschüttert.

Die Riten werden alleine oder gemeinsam, durch Mitglieder der Gemeinschaft oder durch den Schamanen durchgeführt und verfolgen das gleiche Ziel wie die Schamanensitzungen, und zwar die Ordnung wiederherzustellen, die Kräfte auszugleichen, die Ursachen des Bösen auszumerzen und das künftige Wohlergehen der Menschen zu sichern.

Magische Riten und Verhaltensweisen

Die magischen Riten und Verhaltensweisen finden im Leben der Völker des Hohen Nordens auch heute noch ihren Platz. Bei der Jagd murmeln die Tschuktschen magische Worte in der Überzeugung, dass einzig die angerufenen Geister oder die Tiere diese hören können. So wird zum Beispiel bei den Tschuktschen während der Walrossjagd eine magische Formel in der Art: "Ihr Walrosse, ich lege euer Ohr auf eine grosse Eisenplatte, damit ihr das Geräusch meines Baidar nicht hört..."rezitiert. Die verschiedenen Gebote, Verbote und Tabus, die das Verhalten der Jäger vor Ort vorgeben (die Pflicht, sich leise zu verhalten oder nur leise zu sprechen, das Verbot, den Namen des gejagten Tieres zu nennen usw.) sind einerseits mit den real bestehenden Risiken, das Wild zu verscheuchen, andererseits mit magischen Glaubensvorstellungen von der Fähigkeit der Tiere und der Geister, die Worte des Menschen zu verstehen, verbunden. Während der Jagd ist auch das Verhalten der Angehörigen der Jäger durch viele Verbote und Einschränkungen reglementiert. Die zu Hause wartenden Frauen sind dazu angehalten, magische Formeln zu sprechen, die dazu dienen sollen, die Meerestiere in die Arme der Jäger zu treiben. Bei den Nivchen ist es den Frauen in der Zeit, zu der sich ihre Männer auf der Jagd befinden, streng untersagt, Gerüchte und Phantasien in die Welt zu setzen, denn dies könnte dazu führen, dass sich die Jäger in der Wildnis verirren. Sie dürfen auch keinen Teig kneten, denn dies könnte das Erblinden der Jäger zur Folge haben. Sogar das Singen ist verboten, um das Wild nicht zu vertreiben. Bei missglückter Jagd kommt es daher nicht selten vor, dass die erfolglosen Jäger die Verantwortung für ausbleibende Beute den zu Hause gebliebenen Bewohnern des Dorfes zuschreiben.

227. Gräber in der Taiga (Jakutien)

228. Skulpturen: Kämpfer, Schachspiel und Stockziehen (Koriaken), Anfang des 20. Jh.

229. Männer-Totengewand von hinten betrachtet, Koriaken, Kamtschatka, Rentierfell, Hundefell, Seehundhaut, Erlenrinde, Rentierpelz, Länge der Kuchljanka: 98 cm,
Länge der Hose: 86 cm,
Länge der Sohlen 23 cm, Breite der Kuchljanka unten: 94 cm,
1904-1911

230. Männer-Totengewand von vorn betrachtet, Koriaken, Kamtschatka, Rentierfell, Hundefell, Seehundhaut, Erlenrinde, Rentierpelz, Länge der Kuchljanka: 98 cm, Länge der Hose: 86 cm, Länge der Sohlen 23 cm, Breite der Kuchljanka unten: 94 cm, Höhe der Stiefel: 17 cm, 1904-1911

Riten zur Jagd und Fischerei, und die Herstellung wichtiger Güter

Um den Erfolg bei der Jagd, bei der Fischerei und der Viehzucht zu steigern, kennen die Urvölker Sibiriens zahlreiche Riten, die in einer Art Wirtschaftsplan aufgeführt sind, der von Volk zu Volk unterschiedlich gestaltet ist.
Die Evenken kennen zum Beispiel folgenden Jagdritus: bevor der Jäger in die Wälder zieht, feuert er den Herd mit einem Stück Fett, das er in die Flammen wirft. Er nimmt eine kleine armlose Figur mit Beinen, einem Kopf mit Augen, einem Mund und einer Nase - die Figur der Jagdgottheit Belleï – und hüllt sie in den Rauch des verbrennenden Fetts. Schliesslich beginnt er unter regen Gesten für sein Glück bei der Jagd zu beten und verspricht Belleï entsprechende Geschenke. Am Ende des Ritus lässt der Jäger die Figur los. Die Richtung, in die die Figur dabei fällt, zeigt dem Jäger die Richtung an, in der er reiche Beute vermuten darf.
Bei den Küstenvölkern beginnen die Vorbereitungen der Walrossjagd mit dem Ritus des Zuwasserlassens der Baidare.

Dieser Ritus findet im Frühling zur Zeit der Eisschmelze statt. Am Festtag selbst eilen die Menschen schon früh am Morgen an den Strand. Zu allererst wird ein heiliges Feuer entfacht und "genährt". Danach werden die den ganzen Winter über auf hohen Gestellen gelagerten und mit Lederbahnen eingeschlagenen Baidare freigelegt, bevor sie mit grosser Vorsicht ans Wasser getragen und mit einer dicken Schneeschicht erneut zugedeckt werden. Feierlich werden nun Rentierfleisch, Fettstücke und andere Gaben auf eigens hierfür vorgesehenen Tabletts herbeigetragen und vor die Baidare gelegt. All dies wird von sehr langsamen Tänzen begleitet, als würde man die See darum bitten, auch weiterhin ruhig und mild zu sein. Nun treten die besten Jäger aus der Gruppe heraus und wenden sich, von allgemeiner Stille umgeben, an die Geister des Meeres, um ihnen ihren Respekt zu zollen und sie um reiche Fänge zu bitten. Der gesamte Ablauf dieses Rituals ist bis ins Kleinste geordnet, denn die Jäger sind der festen Überzeugung, dass das Jagdglück und damit ihr Wohlergehen während der gesamten Jagdsaison von dieser einen Zeremonie abhängt.

Riten für das Jagdwild oder das Schlachtvieh

Egal, ob ein Tier bei der Jagd oder bei der Schlachtung getötet wird - stets wird begleitend hierzu ein spezieller Ritus durchgeführt, der dazu dienen soll, die Seele des Tieres zu retten und sie in die Obhut des für sie zuständigen Geistes zu geben. Wenn zum Beispiel ein Pelztier erlegt wird, so werden Nase, Lefzen und Augen, die als diejenigen Körperteile betrachtet werden, in denen die Seele sitzt, an Ort und Stelle hinterlassen. Auf diese Weise wird die Seele des Tieres an ihren Herkunftsort zurückgebracht. Die Zeremonien hierzu finden entweder sofort statt, um die erlegten Tiere zu ehren, oder aber im Laufe verschiedener, im Kalender festgelegter Feste. Diese Riten zur Rückführung der Tierseelen zu ihren Obergeistern bestehen unter anderem aus magischen Tänzen und feierlichen Reden zu Ehren der Tiere. Diese werden nicht als Beute der Menschen betrachtet, sondern viel eher als ihr Wirt und Gönner, den man darum bittet, so schnell wie möglich wiedergeboren zu werden und somit zurückzukehren.
Die Küstenvölker, wie zum Beispiel die Tschuktschen, Aleüten und Yuit, verehren den Wal. Nach einer erfolgreichen Jagd eilen alle Mitglieder der Gemeinschaft an den Strand, um das erlegte Tier zu empfangen. Während das Tier zerlegt wird, zündet man Fackeln an und rezitiert verschiedene magische Formeln. Danach trennt man den Kopf des Tieres ab. Von diesem Moment an, wenn der Kopf also vom Rumpf des Tieres getrennt ist, verkörpert dieser das gesamte Tier. Das Tier wird nun von den Dorfbewohnern gefüttert und schliesslich in eines der Häuser des Dorfes gebracht, wo man es ehrt und bittet, seinen Artgenossen vom fröhlichen Empfang zu berichten, der ihm bereitet wurde, damit noch weitere Wale zu den Menschen kommen mögen. Mit dem Tran des Wals werden die Amulette bestrichen und das Feuer entfacht. Nach dem Fest liest man aus dem Schulterblatt des Wals die Zukunft. Fünf Tage später wird der Wal verabschiedet. Während dieses Ritus müssen die Frauen ihr Gesicht mit einer Maske aus Gräsern und Kräutern verdeckt halten. Zum Schluss wird die Seele des Wals in die heimatlichen Gefilde entlassen. Der gesamte soeben beschriebene Ritus soll dazu dienen, die künftig folgenden Jagdzüge erfolgreich werden zu lassen.

231. Schabracke, Pferdedecke für den Rücken des Pferdes, Jakutien, Jakutsk, Stoff, Metall, Glasperlen, gegerbte Haut, Länge: 74 cm, Breite: 101 cm, 1959

Die Opfergaben

Die Opfer werden in der Regel als Ausdruck von Wünschen und Ängsten bezüglich des Wild- und Fischbestandes, der Fortpflanzung des Viehs und des Jagderfolgs dargebracht. Sie basieren auf demselben Prinzip des Austausches zwischen der Welt der Menschen und der Welt der Obergeister. Im Verlaufe eines Opfers müssen erstere den Letzteren von demjenigen opfern, was diese nicht besitzen. So kann man dem Obergeist der Taiga zum Beispiel nur Haustiere wie Rentiere, Pferde, Hornvieh, Hunde u.a. opfern. Neben den Schlachtopfern ist es auch möglich, den Geistern mit anderen Gaben, wie zum Beispiel mit Gegenständen, Kleidungsstücken oder Nahrung zu huldigen. Im Falle eines Schlachtopfers haben die Menschen darauf zu achten, dass die Seele des Opfertieres nicht verletzt und in unversehrtem Zustand an die angerufenen Geister übergeben wird. Zumeist wird die Aorta des Opfertieres angeschnitten und das Blut aufgefangen. Das Blut wie auch die anderen Körperteile des Tieres, in denen sich die Seele befinden kann- dies können die Haut, die Klauen, der Kopf oder die Hufe sein- werden den Geistern geopfert, während das Fleisch unter den Mitgliedern der Gemeinschaft aufgeteilt wird.

Die Feste im Jahresverlauf

Für viele Völker Sibiriens beginnt das Jahr nach dem traditionellen Kalender etwa zur Zeit der Sommersonnenwende. Vergleichbar mit unserem Neujahrsfest feiert man hier also Feste, um den Beginn eines neuen Lebenszyklus und nach einem langen und harten Winter das Wiedererwachen der Natur zu begehen.

Ysach

Die Jakuten feiern zum Beispiel das Ysach-Fest. Es liegt um den 20. Juni und beginnt schon im Morgengrauen mit der Begrüssung der Sonne, einer Zeremonie, die unter der Anleitung eines "weissen" Schamanen (es gibt auch "schwarze" Schamanen) begangen wird. Vor Sonnenaufgang trennt der Schamane die hinter ihm stehende Menge in eine männliche Hälfte zur Rechten und eine weibliche Hälfte zur Linken. Sobald die ersten Sonnenstrahlen zu sehen sind, entzündet der Schamane ein Feuer, das mit Kumys, einem Getränk aus gegorener Stutenmilch, "genährt" wird. Dabei ruft er durch rituelle Formeln die Gottheiten des Himmels an und bittet um Wohlstand und Fruchtbarkeit für die Menschen. Wenn die Sonne aufgeht, bilden die Frauen auf der einen Seite und die Männer auf der anderen einen Kreis und tanzen den Osuchai, wobei sie zu Ehren der Götter Worte des Gebets rufen. Das grosse Fest kann nun beginnen. Es dauert drei Tage, wobei Tänze, einzelne kleinere Feste und Sportturniere sich ablösen, bevor das Fest mit einem Reitturnier endet.

Peg'hitin

Nach der Wintersonnenwende feiern die Korjaken und Tschuktschen ein Fest zu Ehren der Konstellation Peg'hitin, die von den Nomaden Nordostsibiriens besonders verehrt wird. Zu dieser Zeit sind am Himmel die Sterne Atair und Tarareh im Sternbild des Adlers, das ein Teil der Konstellation Peg'hitin ist, zu sehen. Die Erscheinung dieser Sterne symbolisiert den Anfang neuen Lebens nach der langen Polarnacht. Im Laufe dieses Festes werden dem Peg'hitin Rentiere geopfert, es finden Rennen mit Rentiergespannen statt sowie Turniere oder Kletterwettbewerbe, bei denen eine Eiswand erklommen werden muss. Der erste, der das obere Ende der Eiswand erreicht, begrüsst die Sonne mit lauten Rufen der Freude.

Das Fest vom "gereinigten Tschum"
Am Ende der Polarnacht, wenn am Horizont die Sonne wieder sichtbar wird, feiern die Nganassanen das sogenannte "Fest des gereinigten Tschum". Dieses vom Schamanen begleitete Fest dauert drei bis neun Tage und versammelt die verschiedenen Clans, die hierzu besondere Festtagstrachten anlegen. Im Unterschied zur Alltagskleidung besitzen diese Trachten keinerlei Ornamente, die die gesellschaftliche Stellung der Gemeinschaftsmitglieder widerspiegeln. Ausserdem erlauben es diese besonderen Trachten, mit den Geistern in Berührung zu treten und den Übergang in einen neuen Lebenszyklus zu vollziehen.

Übergangsriten

Die Übergangsriten, die das Leben der sibirischen Ureinwohner wesentlich beeinflussten und als Abschnitte markierten, sind heute annähernd in Vergessenheit geraten. Die wichtigsten unter ihnen waren die Riten um Geburt und Tod.

232. Bär (Gravierung)

Geburten

Im Verlaufe der Schwangerschaft unterlagen die Frauen einer Vielzahl von Verboten. Bei einigen Völkern, wie zum Beispiel bei den Nanai oder den Evenken, musste die Schwangere das Elternhaus verlassen und sich bis zur Niederkunft in die Isolation begeben. Diese Zeit der Isolation war mit einer vermittelnden Funktion der Schwangerschaft verbunden. Wie der in die Wälder ziehende Jäger oder der Schamane, der sich in die andere Welt begibt, musste die Schwangere auf die Suche nach der künftigen Seele des Kindes gehen, sie von den Obergeistern erhalten. Diese Vermittlung erlaubt es, die Gesamtheit der geburtsbegleitenden Riten zu verstehen. So wurde zum Beispiel der Ort der Niederkunft als eine die Welt der Menschen und die natürlichen Sphären miteinander verbindende Stätte eingerichtet. Vor der Geburt bot die Schwangere den Schutzgeistern des Clans Nahrung an. Die Niederkunft fand in Gegenwart einer Hebamme statt, wobei die Schutzgeister der Gebährenden Hilfe leisteten und diese sich mit einem Glücksbringer, wie zum Beispiel der Nabelschnur der eigenen Mutter, austatteten. Dahinter verbarg sich die Absicht, einen günstigen Kontakt zwischen der Schwangeren und dem Geist oder der Gottheit der Geburt (bei den Nenzen Yamiunia, bei den Yakuten Aiyysyt, oder Ene bei den Altai) herzustellen.

Nach der Geburt des Kindes begleitete eine Vielzahl von Riten den Übergang des Kindes aus den natürlichen Sphären in die Umgebung der Gemeinschaft. Einer dieser Riten bestand in einer symbolischen Rückführung der als das Ebenbild des Kindes betrachteten Plazenta in die Natur. Diese Rückführung sollte weitere Geburten ermöglichen.

Bestattungen

Vor der Ankunft der Russen wurden die Toten bei den sibirischen Völkern nicht beerdigt. Angesichts des Dauerfrostbodens wurden die Verstorbenen lediglich im südlichen Teil Sibiriens in der Erde beigesetzt. Anderswo wurden die Toten in die Tundra gebracht und dort zusammen mit ihrem Eigentum offen oder unter Steinhügelgräbern zurückgelassen oder in einem "himmlischen" Sarg beigesetzt, wobei sie dann auf einem Träger aufgebahrt wurden, der an den Ästen der Bäume hing. Die Verbrennung der Toten war bei einigen Völkern im Süden, im Nordosten Sibiriens wie auch im russischen Fernen Osten verbreitet.

Die Bestattungsriten waren hierbei die Umkehrung der Riten zur Geburt. Nach einigen rituellen Behandlungen des Verstorbenen und einer Andacht wurde er (in der Regel durch eine speziell hierfür vorgesehene Öffnung) aus dem Haus hinausgebracht und an den Ort seiner Beisetzung geleitet. Hier wurden sodann Opfer und Gaben dargebracht, woraufhin man den Toten auf seinen weiteren Weg vorbereitete, indem man ihm mit Stücken aus seinem Besitz versah, die er in der Unterwelt noch benötigen könnte, so wie Kleidung, Ausrüstung und Tiere. Nach der Beisetzung wurde der Tote als neue Person betrachtet, und man sprach nur unter neuem Namen von ihm. Den wahren Namen des Toten auszusprechen war tabu.

Hierauf folgte eine gewisse Zeit der Miterwähnung des Verstorbenen, die bei den verschiedenen Völkern unterschiedlich lang währte – von 49 Tagen bei den Tuwinen bis hin zu sieben Jahren bei den Enzen. Man nahm an, dass die Seele des Verstorbenen in dieser Zeit an den Orten ihres früheren Lebens umherwandelt, um seine letzten Sachen einzusammeln. Im Laufe der Miterwähnungszeit wurden bei jeder Andacht Nahrung, Kleidung und verschiedene Gegenstände für den Verstorbenen und sein Leben in der Unterwelt zurückgelassen. Die Miterwähnungszeit endete schliesslich mit dem letzten Geleit der Seele des Toten in das unterirdische Reich. Diese letzte Zeremonie fand im Beisein eines Schamanen oder auch im Kreise der Angehörigen statt.

*

SCHAMANENLIED

(von V.A. Dolgunov, von Marine Le Berre-Semjonov aus dem jakutischen übersetzter Auszug)

Hojoku, hojoku
Mein Freund, mein Meister,
Mein Kamerad, mein Ebenbild
Von Deiner Meisterin, Deiner guten Grossmutter
Ergreif' Besitz, mein Freund,
Rudere aus Leibeskräften,
Du, der Du mit Lärm verzauberst,
Mein kleiner, lieber Vater,
Meine Zuflucht, mein Beschützer,
Mein treuer Begleiter,
Wenn du dich zeigst,
Was wird's mich kosten?
Hojoku, hojoku!
Meine kleine Schamanenmaus,
Meine liebe Schwester,
Meine Zuflucht, mein Beschützer,
Mein treuer Begleiter,
Wenn Du Dich zeigst,
Was wird's mich kosten?
Hojoku, hojoku!
In früh'ren Zeiten,
Lebtest Du so stolz,
Meine arme liebe Grossmutter,
Wenn unsre Last Du nimmst,
Was wird's mich kosten?
Hojoku, hojoku
Meine Meisterin, Du, meine
Gute Grossmutter,
Hämmerst auf das Wasser, das
In Bächen lief,
Fliegst über das schmelzende Eis,
Mit einer Medaille vorn am Bug,
Der Uhr am Arm,
Dem Spiegel im Sack,
Hältst das Gesetz fest im Griff,
Liest das Schicksal aus der Hand,
Trägst den Dolch am Deinem Gurt,
Dein Prinz ist es von Amihaach,
Wenn von Seiner Frau, mein Freund,
Der weissen und opal'nen Mecheje,
Ich komme und mich nähere,
Und sollt' ich sterben,
Lebendig werd' ich sein,
Hojoku, hojoku!
Mein kleiner Vogel,
Der Du um Dich blickst
Mit heissem Aug',
Man sieht dich in der Ebene

Mit Deinem heissen Hauch,
Bring Erschütt'rung, dass es bebt,
Schlag zu, das es brodelt,
Hojoku, hojoku!
Ein schreckliches Unglück ist gekommen,
Ein fürchterliches Los bricht herein,
Ein schreckliches Unglück ist gekommen,
Hojoku, hojoku!
Mit seinem lauten Wiehern,
Mit seinem strahlenden Gewand,
Auch wenn ich solch ein Ross besitze,
Was wird aus ihm?
Hojoku, hojoku!
Man kann sie sehen dort im Stall,
Mit ihrem dichten Fell,
Mit dem starken Rücken,
Und den weiten Hörnern,
Den platten Hufen,
Auch wenn ich solch ein Rind besitze,
Was wird aus ihm?
Hojoku, hojoku!
Man sieht's in der Taiga,
Mit klapperndem Gang,
Mit seinem weichen Fell,
Sich labend nur von Moos,
Mit Hufen, aus denen man Kämme macht,
Mit hohem Geweih auf dem Kopf,
Auch wenn ich solch ein Ren besitze,
Was wird aus ihm?
Hojoku, hojoku!
Selbst wenn ich Häuser habe,
Die leicht zu tragen sind,
Selbst wenn ich Geld hab,
Das kommt und geht,
Und Wild, das der Adler schlug,
Was wird aus ihm?
Hojoku, hojoku!
Sieh mich an, wie ich bin:
Das Gesicht ist blass,
Die Knochen fein,
Mit leichtem Schritt,
Bin ich nicht so?
Mit schönen Wangen,
grosser Russennase,
sieh, dies bin ich!
Hojoku, hojoku!

233. Schneeschuhe/ Ski, Tschuktschen, Anadyr-Region, Holz, Seehundfell: Länge: 75,7 cm; Breite: 19 cm, 1904-07

DIE SIBIRISCHEN VÖLKER

ALËUTEN
Volksstärke: 700 in Russland, ca. 2000 in den USA
Geographische Lage: Alëuteninselkette (zwischen Alaska und Kamtschatka)
Lebensweise: sesshaft, Jagd auf Meeressäuger, Fischerei
Religion: Schamanismus
Sprache: Sprache der eskalëutischen Sprachgattung

BURJATEN
Volksstärke: 421000 in Russland, 70000 in der Mongolei, einige kleinere Gruppen in Nordostchina
Geographische Lage: Baikalregion, Burjatische Republik, Autonomer Burjatischer Bezirk von Ust-Orda im Irkutsker Gebiet, Autonomer der Aginer Burjaten im Tschitaer Gebiet
Lebensweise: nomadisch, Viehzucht nach mongolischer Art (Rinder, Pferde, Schafe, Kamele) östlich des Baikalsees; halbsesshaft westlich des Baikalsees
Religion: buddhistisch östlich, schamanistisch westlich des Baikalsees
Sprache: Sprache der monogolischen Familie

DOLGANEN
Volksstärke: 6945
Geographische Lage: nördlich von Jakutien, nahe der Tajmyr-Halbinsel
Lebensweise: halbsesshaft, Rentierzucht, Jagd, Fischerei
Religion: Russ. Orthodox, schamanistische Elemente
Sprache: Turksprache

EVENEN
Volksstärke: 17000
Geographische Lage: nordöstlich von Jakutien, Gebiet von Chabarovsk, Tschukotka, Kamtschatka
Lebensweise: nomadisch in der Tundra; Rentierzucht und Jagd; halbsesshaft an der Küste, Fischerei und Jagd auf Meeressäuger
Religion: Schamanismus
Sprache: Sprache der tunguso-mandschurischen Familie

EVENKEN
Volksstärke: 30164
Geographische Lage: Autonomer Evenkischer Bezirk im Krasnojarsker Gebiet, Chabarovsker Gebiet, Republik von Jakutien und Buriatien, Irkutsker und Tschitaer Gebiet, Amurregion
Lebensweise: nomadisch, Rentierzucht und Jagd
Religion: Schamanismus
Sprache: Sprache der tunguso-mandschurischen Familie

KETEN
Volksstärke: 1113
Geographische Lage: Mittellauf des Jenissej südlich von Turuchansk, Baikit-Region (Krasnojarsker Gebiet)
Lebensweise: sesshaft, Jagd und Fischerei
Religion: Schamanismus
Sprache: isoliert vorkommende Einzelsprache

CHANTEN
Volksstärke: 22521
Geographische Lage: Autonomer Bezirk der Chanten und Mansen, Autonomer Jamalo-Nenzischer Bezirk, Tomsker Gebiet
Lebensweise: nomadisch, Rentierzucht in der Tundra; Jagd und Fischerei in der Taiga; Viehzucht (Schafe, Schweine usw.) in den südlich des Ob gelegenen Gebieten
Religion: Schamanismus, Bären-Kult
Sprache: Sprache der finno-ugrischen Familie

KORJAKEN
Volksstärke: 9000
Geographische Lage: Autonomer Bezirk der Korjaken, Autonomer Bezirk der Tschuktschen, Magadaner Gebiet
Lebensweise: nomadisch, Rentierzucht in der Tundra; sesshaft, Jagd auf Meeressäuger und Fischerei an der Küste
Religion: Schamanismus
Sprache: Sprache der tschuktscho-kamtschadalischen Familie

MANSEN
Volksstärke: 8474
Geographische Lage: Autonomer Bezirk der Chanten und Mansen
Lebensweise: Jagd und Fischerei, Rentierzucht praktisch gar nicht mehr praktiziert
Religion: Schamanismus
Sprache: Sprache der finno-ugrischen Familie

NANAI
Volksstärke: 12000 in Russland, etwa 1000 in China
Geographische Lage: Ferner Osten Russlands, Unterlauf des Amur, Chabarovsker und Chabarovsker Gebiet wie auch das Primorje-Gebiet, Insel Sachalin
Lebensweise: sesshaft, Jagd und Fischerei
Sprache: Sprache der tunguso-mandschurischen Familie

NEGIDALEN
Volksstärke: 622
Geographische Lage: Chabarovsker Gebiet, Unterlauf des Amur
Lebensweise: sesshaft, Jagd und Fischerei
Religion: Schamanismus, Bären-Kult
Sprache: Sprache der tunguso-mandschurischen Familie

NENZEN
Volksstärke: 34000
Geographische Lage: Autonomer Bezirk der Nenzen (Archangelsker Gebiet), Dolgano-Nenzischer Autonomer und Jamal-Nenzischer Autonomer Bezirk
Lebensweise: nomadisch, Rentierzucht in der Taiga und Tundra
Religion: Schamanismus
Sprache: Sprache der samojedischen Familie

NIVCHEN
Volksstärke: 4673
Geographische Lage: Unterlauf des Amur, Insel Sachalin
Lebensweise: sesshaft, Jagd auf Meeressäuger und Fischerei, Sammler, Hundezucht
Religion: Schamanismus, Bären-Kult
Sprache: isoliert vorkommende Einzelsprache

OROKEN
Volksstärke: 190
Geographische Lage: Insel Sachalin
Lebensweise: halbsesshaft, Jagd auf Meeressäuger und Fischerei an der Küste; Jagd in der Taiga
Religion: Schamanismus
Sprache: Sprache der tunguso-mandschurischen Familie

OROTSCHEN
Volksstärke: 915
Geographische Lage: Chabarovsker Gebiet, Amur-Region
Lebensweise: sesshaft, Jagd und Fischerei
Religion: Schamanismus
Sprache: Sprache der tunguso-mandschurischen Familie

UDEGEN
Volksstärke: 2011
Geographische Lage: Chabarovsker Gebiet und Primorje-Gebiet
Lebensweise: sesshaft, Jagd und Fischerei
Religion: Schamanismus, Tiger-Kult
Sprache: Sprache der tunguso-madschurischen Familie

ULTSCHEN
Volksstärke: 3200
Geographische Lage: Ferner Osten Russlands, Unterlauf des Amur, Chabarovsker Gebiet
Lebensweise: sesshaft, Jagd und Fischerei
Religion: Schamanismus, Bären-Kult
Sprache: Sprache der tunguso-mandschurischen Familie

TSCHUKTSCHEN
Volksstärke: 15000
Geographische Lage: Autonomer Bezirk der Tschuktschen, Norden des Autonomen Bezirks der Korjaken und Nordost-Jakutien
Lebensweise: sesshaft und Jagd auf Meeressäuger an der Küste (Ankalynen); nomadisch, Rentierzucht in der Tundra (Tschautschus)
Religion: Schamanismus
Sprache: Sprache der tschuktscho-kamtschadalischen Familie

TUWINEN
Volksstärke: 235000
Geographische Lage: Republik Tuva, Südsibirien, an der mongolischen Grenze zwischen Ob und Jenissej, Mongolei und China
Lebensweise: nomadisch, Pferde-, Rinder- und Kamelzucht
Religion: Buddhismus und Lamaismus, Schamanismus
Sprache: Turksprachen

SACHA-JAKUTEN
Volksstärke: 382000
Geographische Lage: Republik Sacha (Jakutien)
Lebensweise: Pferde- und Rinderzucht
Religion: Schamanismus
Sprache: Turksprache

JUKAGIREN
Volksstärke: 1142
Geographische Lage: Nordjakutien, Kolyma-Region, Magadaner Gebiet
Lebensweise: nomadisch und halbsesshaft, Jagd, Rentier- und Hundezucht zu Transportzwecken und die Jagd
Religion: Schamanismus
Sprache: Sprache der jukagiro-tschuvanzischen Familie

YUIT
Volksstärke: 1700 in Russland (Yuit), 35000 in den USA, 26000 in Kanada, 45000 in Grönland (Inuit)
Geographische Lage: in Russland an der Ostküste der Tschukotka-Region und auf der Wrangell-Insel
Lebensweise: sesshaft, Jagd auf Meeressäuger und Vögel, Fischerei, Sammler
Religion: Schamanismus
Sprache: Sprache der eskaleutischen Familie

Verzeichnis der Abbildungen